Gary Chapman
GETRENNT – FÜR IMMER?

Gary Chapman

Getrennt – für immer?

Trennung muss nicht das Ende sein

FRANCKE
Verlag der Francke-Buchhandlung GmbH

Bibliografische Information Der Deutschen Bibliothek
Die Deutsche Bibliothek verzeichnet diese Publikation in der Deutschen Nationalbibliografie; detaillierte bibliografische Daten sind im Internet über http://dnb.ddb.de abrufbar.

2. Auflage 2006
ISBN 3-86122-636-7

Originaltitel: Hope for the Separated

Published by Moody Press, Chicago, USA

Deutsch von Ingo Rothkirch
Umschlaggestaltung: Henri Oetjen, DesignStudio, Lemgo
Satz: Verlag der Francke-Buchhandlung GmbH
Druck: Koninklijke Wöhrmann, Niederlande

www.francke-buch.de

Inhaltsverzeichnis

Einleitung

Ein Freund war am Telefon und erzählte: „Ich habe ein Problem. Von meiner Schwägerin haben wir gerade erfahren, dass sie von ihrem Mann verlassen worden ist und dass er die Scheidung will. Ich bin ganz sicher, dass sie mich um Rat bitten wird. Aber ich weiß überhaupt nicht, was ich ihr sagen soll. Ist es ratsam, sich gegen die Scheidung zu sträuben? Wie helfen wir ihr am besten? Was sollen wir sagen? So etwas ist in unserer Familie noch niemals vorgekommen!“ So wie diesem Freund geht es heute vielen.

Im vergangenen Jahr haben sich wieder unzählige Paare entschieden, getrennte Wege zu gehen. Und gewiss werden die Gläubigen unter ihnen eine brennende Frage beantwortet haben wollen: *Wie soll ich mich als Christ in dieser Situation verhalten?*

Dieses Buch ist der Versuch, auf diese Frage eine Antwort zu finden. Es bietet jedoch keine Patentrezepte für schwierige Lebenslagen an. Für eine todkranke Ehe gibt es einfach kein Allheilmittel. Trotzdem gebe ich jenen, die wirklich Hilfe suchen, den Rat weiterzulesen – auch wenn die angebotene Medizin zuweilen etwas bitter schmecken wird. Ihre Chancen auf Heilung stehen nämlich gar nicht so schlecht!

Auch Pastoren, Laienseelsorgern und Angehörigen, die Betroffenen helfen wollen, möchte ich aus der Bibel Antworten geben, die sich in der Praxis bewährt haben. Dieses Buch geht auf die ganz konkreten Schwierigkeiten in der Trennungsphase vor der Scheidung ein.

Wir sollten auf keinen Fall mit dem Automatismus rechnen, dass jede räumliche Trennung auch gleich eine Scheidung nach sich zieht! Eine Trennung kann durchaus auch dazu führen, dass die Ehe wiederhergestellt wird und sich fortan positiv entwickelt. Die beteiligten Personen sind es, die den Ausgang bestimmen. In diesem Buch wollen wir nüchtern und realitätsbezogen ergründen, welche möglichen Wege wir einschlagen können. Eine Trennung muss keineswegs endgültig sein. Sie ist vielmehr die Phase, an deren Ende über Neubeginn oder Ende einer Ehe entschieden wird. In beiden Fällen müssen wir versuchen zu retten, was zu retten ist.

Am Ende eines jeden Kapitels finden Sie „Übungen und Fragen, die weiterhelfen". Diese sollen Sie anregen, konkrete Schritte zu tun und sich auch gedanklich mit Ihrer Situation auseinander zu setzen. Es genügt nicht, ein Buch zu *lesen*, um die Kraft zu finden, neue Wege zu gehen. Wir müssen unsere neuen Erkenntnisse auch *anwenden!* Ein altes Sprichwort sagt: „Auch eine Reise von tausend Meilen beginnt mit dem allerersten Schritt."

Ich wünsche mir, dass dieses Buch Ihnen daher hilft, den ersten Schritt zu tun.

1. Was ist aus unserem Traum geworden?

Trennung oder nicht Trennung, das war für Sie die große Frage. Und dann ist irgendwann ein Entschluss gefasst worden: Einer von Ihnen hat das Haus verlassen und sich eine andere Bleibe gesucht. Vielleicht hat er noch nicht einmal die großen Koffer gepackt und so manchen persönlichen Gegenstand zurückgelassen. Aber Sie leben nun getrennt. Vielleicht wird Ihnen angst und bange, wenn Sie nur das Wort „Trennung“ hören. Sie mögen es deshalb gar nicht. Aber Sie leben nun einmal getrennt! Und deshalb sollten Sie es einmal laut aussprechen: *„Ich lebe getrennt.“*

Die Trennung ist allerdings längst noch nicht der Tod Ihrer Beziehung, obwohl Sie sie sicher als eine *„Wanderung im Tal des Todesschattens“* erleben, von der der 23. Psalm spricht. Aber der „Todes*schatten*“ ist eben noch nicht der Tod selbst. Die Trennung kann deshalb ein Weg sein, auf dem Sie Läuterung erfahren; und die Schmerzen, die Sie jetzt erleiden, können die Geburtswehen einer sich abzeichnenden Wiedergeburt Ihrer Ehe sein. Doch möglicherweise ist die Trennung auch der Anfang vom Ende. Welche Früchte Sie und Ihr Partner nach dieser Trennungsphase ernten, hängt weitgehend davon ab, wie Sie in den kommenden Wochen und Monaten miteinander umgehen.

Getrennt lebende Eheleute gehören auf die seelsorgerliche „Intensivstation“. Ihre Ehe ist lebensbedrohlich erkrankt. Der Zustand ist „kritisch". Jeden Augenblick kann sich die Situation verschlechtern oder auch entspannen. Optimale Betreuung ist jetzt unerlässlich. Mit diesem Buch wollen wir versuchen, einen Beitrag zu dieser Intensivtherapie zu leisten. Vielleicht ist ein chirurgischer Eingriff unumgänglich. Dann muss allerdings ein ausgebildeter Seelsorger her. Alles, was jetzt getan wird, bestimmt Ihre Lebensqualität in den vielen Jahren, die noch vor Ihnen liegen. Seien Sie sicher: Gott liegt viel an einem positiven Ausgang! Sie können deshalb auf seine Hilfe und seinen Beistand zählen.

Die Trennung ist kein Anlass zur Kapitulation. Der Kampf um den Bestand der Ehe ist erst dann vorüber, wenn der Totenschein ausgestellt ist. Selbst wenn die Scheidung schon eingereicht ist, haben Sie noch Zeit, dem Feind Ihrer Ehe den Krieg zu erklären. Die Träume und Hoffnungen, die Sie am Anfang Ihrer Ehe teilten, sind immer noch jede Anstrengung wert. Sie haben damals geheiratet, weil Sie sich liebten. Sie träumten damals noch von der perfekten Ehe, in der jeder den anderen glücklich machen würde. Was ist aus diesem Traum geworden? Was ist schief gegangen? Welche Kurskorrekturen sind noch möglich?

Man kann diesen Traum wieder beleben. Das geht allerdings nicht ohne Einsatz. Dieses Engagement verlangt die Bereitschaft zuzuhören, Verständnis zu zeigen, sich zu disziplinieren und zu verändern. Aber all diese Mühe hat ihren Lohn: die Freude darüber, dass Ihr Traum doch noch in Erfüllung geht.

Ich weiß, dass der eine oder andere von Ihnen einwenden wird: „Das hört sich alles wunderschön an, aber es funktioniert nicht. Wir haben schon alles ausprobiert. Und außerdem glaube ich, dass mein Partner längst das Handtuch geworfen hat."

Vielleicht haben Sie Recht, aber gehen Sie doch nicht einfach davon aus, dass die Feindseligkeit Ihres Partners von Dauer sein muss. Gott hat allen Menschen die Möglichkeit der freien Entscheidung gegeben. Wir können uns ändern; und solche Änderungen können sich schließlich auch positiv auf die Ehe auswirken. Vielleicht sagt Ihr Mann derzeit noch: „Schluss! Aus! Keine Diskussionen mehr!" Doch schon in zwei Wochen oder in zwei Monaten zeigt er sich durchaus wieder gesprächsbereit. Viel hängt davon ab, was Sie in der Zwischenzeit tun und wie der Partner auf das Reden Gottes reagiert.

Andere mögen einwenden: „Ich weiß gar nicht, ob ich mich noch für diese Ehe einsetzen *will.* Ich habe es immer wieder getan. Ich habe immer nur gegeben und investiert. Es klappt einfach nichts mehr. Und vielleicht ist dies der richtige Augenblick, um auszusteigen." Ich kann Ihre Gefühle gut verstehen. Ich weiß, dass uns irgendwann der Mut verlässt, wenn wir es immer und immer wieder erfolglos versucht haben. Wir haben die Hoffnung verloren, und so glauben wir, keine Wahl mehr zu haben und aufgeben zu müssen. Uns fehlt die Motivation, noch etwas für unsere Ehe zu tun.

Deshalb frage ich Hilfesuchende auch nie, ob sie sich für ihre Ehe einsetzen *wollen.* Ich frage stets: „*Werden* Sie sich für Ihre Ehe einsetzen?" Wenn es erst einmal zur Trennung gekommen ist, wissen wir oft nicht mehr recht, was wir uns eigentlich *wünschen.* In dieser Situation müssen wir auf unsere Entschlossenheit setzen und weniger auf unsere momentanen Gefühle. Wir müssen uns daran erinnern, was uns einmal wichtig war, wofür wir uns eingesetzt und was wir erträumt haben. Unser Entschluss muss es nun sein, das zu tun, was nötig ist, um all das wiederzuerlangen.

Wo sollen wir uns nach Hilfe und Beistand umsehen? Für Christen gibt es eine verlässliche Quelle, an die wir uns wenden können, wenn wir Rat und Wegweisung brauchen. Das ist die Bibel. In ihr finden wir nicht nur Rat, was wir tun sollten. Uns wird auch Mut gemacht, uns an die Arbeit zu machen. Paulus schreibt: *„Alles vermag ich in dem [Christus], der mich kräftigt"* (Philipper 4,13). Wenn wir zu Christus kommen, erfahren wir Hilfe von außen und erreichen so, was wir aus eigenen Kräften nicht schaffen würden.

Wenn wir in unserer Lage in die Bibel schauen, werden wir bald auf zwei Verkehrsschilder stoßen: „Schlechte Wegstrecke" und „Umleitung". In unseren Fragen um Ehe und Ehescheidung ist die schlechte Wegstrecke, die man nicht einschlagen sollte, die Scheidung, und die Umleitung ist die vorübergehende Trennung, über die man wieder auf die ursprüngliche Strecke zurückkehrt.

Lassen Sie mich erklären, was ich meine. Nach den Aussagen des Alten und Neuen Testaments ist eine Scheidung immer eine „schlechte Wegstrecke", die man möglichst nicht einschlagen sollte. Sie ist der falsche Weg. Als Gott am Anfang Adam und Eva gebot: *„Seid fruchtbar und vermehrt euch, und füllt die*

Erde", da machte er nicht die kleinste Andeutung, dass ihre Lebensgemeinschaft auf eine beliebig begrenzbare Zeit angelegt sei.

Eine Scheidung wird in der Bibel erst in den Schriften von Mose erwähnt, die sehr viel später verfasst worden sind (3. Mose 21,14; 22,13; 4. Mose 30,9; 5. Mose 24,1-4). Mose gestattete zwar die Scheidung, doch Gott hat sie nie direkt befürwortet oder angeraten. Jesus erklärte später den Pharisäern, dass Mose die Scheidung lediglich wegen der „Herzenshärtigkeit" der Menschen erlaubt habe (Matthäus 19,8), dass sie aber von Anfang an nicht zu Gottes Plan gehört habe. Jesus bekräftigte, dass Gottes Absicht die monogame und lebenslange Zweierbeziehung der Eheleute war. Als Gott die Ehe einsetzte, war die Scheidung noch keine Option. So wie die Vielehe nicht zu Gottes Plänen gehörte, so war auch die Scheidung nicht von ihm geplant. Beides sind Erfindungen des Menschen. Und diese Erfindungen sind aus Gottes Sicht Unrecht.

Daneben gibt es noch das Schild: „Umleitung". Es führt uns auf Umwegen zurück auf unsere ursprüngliche Strecke. Das eigentliche Ziel ist noch nicht aus den Augen verloren, und Sie sind nicht vom Weg abgekommen. Sie machen lediglich einen Umweg über die Trennung, weil die Brücke Ihres gemeinsamen Lebensweges zusammengebrochen ist. Das Umleitungsschild bereitet Ihnen zunächst einmal Ärger. Aber Sie müssen die Hoffnung noch nicht aufgeben. Sie werden durch Wegweiser auf Ihre Straße zurückgeleitet. Wenn Sie jetzt ein bisschen aufpassen, stehen Ihre Chancen nicht schlecht, wieder auf

Ihrer ursprünglichen Straße zu landen. Mit der Trennung stehen Sie immer noch am Scheideweg. Es steht Ihnen frei, sich zu entscheiden, welchen Weg Sie einschlagen wollen.

Wir haben festgestellt, dass Gott die Scheidung eigentlich nicht will, und doch lässt er uns Menschen die Freiheit der Entscheidung. Im Laufe der Menschheitsgeschichte ist es immer wieder zu groben Fehlentscheidungen gekommen. Wir Menschen haben die Weichen falsch gestellt. Aber Gott hat uns nicht immer sofort bestraft, wenn wir etwas falsch gemacht haben. Wäre Gott so verfahren, wäre die Menschheit schon vor Tausenden von Jahren ausgelöscht worden. Gott hat dem Menschen immer Freiheit gelassen – auch die Freiheit, eigene Wege zu gehen. Die Bibel lässt keinen Zweifel daran, dass wir diese Freiheit alle mehr oder weniger zu unserem eigenen Schaden ausgenutzt haben (Jesaja 6,8).

Aber zu dieser Freiheit gehört auch ein anderes wichtiges Prinzip. Galater 6,7 nennt es: *„Täuscht euch nicht: Gott lässt keinen Spott mit sich treiben; was der Mensch sät, wird er ernten.“* Gott lässt den Menschen ernten, was er gesät hat. Und seine Hoffnung ist dabei, der Mensch möge es irgendwann lernen, nur noch den guten Samen zu säen. *„Wer im Vertrauen auf das Fleisch sät, wird vom Fleisch Verderben ernten; wer aber im Vertrauen auf den Geist sät, wird vom Geist ewiges Leben ernten“* (Galater 6,8).

Gottes Absichten für den Menschen sind grundsätzlich gut. Er hat niemals etwas erdacht, was dem Menschen schaden würde. *„Denn ich, ich kenne meine Pläne, die ich für euch habe – Spruch des Herrn –,*

Pläne des Heils und nicht des Unheils; denn ich will euch eine Zukunft und eine Hoffnung geben" (Jeremia 29,11). Wenn Gott sagt, dass eine Scheidung der falsche Weg ist, dann will er uns damit das Leben nicht unnötig schwer machen. Vielmehr weist er uns den Weg zum Leben.

Jetzt wenden Sie vielleicht ein: „Aber uns ging es ja auch schon vor der Trennung nicht gut." Das mag stimmen. Aber Versagen in der Vergangenheit bedeutet ja nicht zwangsläufig, dass es in der Zukunft nicht aufwärts gehen könnte. Der Mangel an Erfüllung, den Sie auch schon vor der Trennung empfunden haben, hatte wahrscheinlich einen der folgenden Gründe:

1. Ihre Gottesbeziehung war nicht in Ordnung;
2. Ihre Beziehung zum Partner war nicht in Ordnung;
3. Ihre Beziehung zu sich selbst war gestört.

Die erste und dritte Beziehungsstörung können Sie ohne Mithilfe Ihres Partners beheben. Bei der zweiten müssen allerdings Mann und Frau zusammenarbeiten. Doch in allen drei Bereichen sind Veränderungen durchaus möglich. Die Wiedergeburt Ihrer Ehe ist also ziemlich wahrscheinlich wenn beide wollen.

In späteren Kapiteln werde ich Ihnen beschreiben, wie Sie in den genannten Bereichen Veränderungen in die Wege leiten können. Doch zunächst möchte ich noch einmal darauf hinweisen, dass das biblische Ideal für das getrennt lebende Paar die Versöhnung ist. Sie haben möglicherweise jede Hoffnung auf einen Neubeginn aufgegeben. Vielleicht haben Sie sogar Angst davor. Aber ich möchte Ihnen dennoch dringend ans Herz legen, dem Vorbild Gottes nachzueifern.

Die Bibel zeichnet an vielen Stellen das Bild von einem Gott, der eine Liebesbeziehung zu seinem Volk hat: im Alten Testament mit Israel und im Neuen Testament mit der Gemeinde. Immer wieder ist es zu Trennungen zwischen Gott und seinem Volk gekommen, die aber nie von ihm, sondern immer nur von den Menschen ausgegangen waren. In gewissem Sinne ist die ganze Bibel eine Aufzeichnung von Gottes Versuchen, sich mit seinem Volk zu versöhnen. Bei Hosea finden wir diesen Sachverhalt am bildhaftesten dargestellt.

Gomer, Hoseas Frau, war immer wieder untreu geworden, doch Gott sprach: *„Geh noch einmal hin und liebe die Frau, so, wie der Herr die Söhne Israels liebt, obwohl sie sich anderen Göttern zuwenden"* (Hosea 3,1). Hosea sollte versinnbildlichen, wie Gott immer wieder zu Israel Kontakt aufnahm, um sich zu versöhnen. Obwohl Israel Götzendienst betrieb und Gott untreu war, sprach er: *„Darum will ich selbst sie verlocken. Ich will sie in die Wüste hinausführen und sie umwerben. Dann gebe ich ihr dort ihre Weinberge wieder, und das Achor-Tal mache ich für sie zum Tor der Hoffnung. Sie wird mir dorthin bereitwillig folgen wie in den Tagen ihrer Jugend, wie damals, als sie aus Ägypten heraufzog"* (Hosea 2,16-17).

Im Neuen Testament lesen wir, wie Jesus seinen Trennungsschmerz zum Ausdruck bringt: *„Jerusalem,*

Jerusalem, du tötest die Propheten und steinigst die Boten, die zu dir gesandt sind. Wie oft wollte ich deine Kinder um mich sammeln, wie eine Henne ihre Küken unter ihre Flügel nimmt; aber ihr habt nicht gewollt. Darum wird euer Haus (von Gott) verlassen" (Matthäus 23,37-38).

Im Buch Jeremia spricht Gott zu Israel: *„Ich denke an deine Jugendtreue, an die Liebe deiner Brautzeit, wie du mir in der Wüste gefolgt bist, im Land ohne Aussaat*" (2,2). Gott beschreibt dann, wie er in jenen Tagen Israel vor seinen Feinden beschützt hat. Doch dann kam die Kälte und die Trennung: *„Vergisst denn ein Mädchen seinen Schmuck, eine Braut ihre Bänder? Mein Volk aber hat mich vergessen seit ungezählten Tagen*" (2,32). *„Doch wie eine Frau ihres Freundes wegen treulos wird, so seid auch ihr mir treulos geworden, ihr vom Haus Israel – Spruch des Herrn*" (3,20).

Der Rest des Buches ist ein Appell zur Versöhnung: *„Kehr zurück, Israel, du Abtrünnige – Spruch des Herrn! Ich schaue dich nicht mehr zornig an; denn ich bin gütig – Spruch des Herrn –, ich trage nicht ewig nach. Doch erkenne deine Schuld: Dem Herrn, deinem Gott, hast du die Treue gebrochen, überallhin bist du zu den fremden Göttern gelaufen ... Kehrt um, ihr abtrünnigen Söhne – Spruch des Herrn; denn ich bin euer Gebieter*" (3,12-14).

Beachten Sie, dass Gott zur Versöhnung aufruft, indem er die Korrektur von Fehlverhalten anmahnt. Gott will sich mit Israel nicht versöhnen, solange es noch sündigt. *„Kehrt um, ihr abtrünnigen Söhne, ich will eure Abtrünnigkeit heilen" (3,22). „Wenn du umkehren willst, Israel – Spruch des Herrn –, darfst du zu* *mir zurückkehren; wenn du deine Gräuel entfernst, brauchst du vor mir nicht zu fliehen. Schwörst du aufrichtig: So wahr der Herr lebt!, dann werden sich Völker mit ihm segnen und seiner sich rühmen*" (4,1-2).

Es gibt keine Versöhnung ohne Reue und Umkehr. In einer gescheiterten Ehebeziehung müssen wir uns gegenseitig um Vergebung bitten, denn fast immer haben beide Seiten auf die eine oder andere Weise versagt. Wir werden auf diese Frage in späteren Kapiteln noch eingehen. Im Augenblick möchte ich nur darauf hinweisen, dass die Bibel uns eindeutig auffordert, umzukehren und die Versöhnung zu suchen.

Es ist nicht meine Absicht, das Leid herunterzuspielen, das Sie im Augenblick möglicherweise erfahren. Sie erleben gerade Schmerz, Frustration, Wut, Groll, Einsamkeit und tiefe Enttäuschung. Auch will ich Ihre Bemühungen um den Fortbestand Ihrer Ehe nicht schmälern. Sie sollen sich nur klar darüber werden, dass Ihre Trennung eine Herausforderung ist, das Beste aus der Situation zu machen.

Manchmal kommt es nach einer Trennung zu einer emotionalen Befriedung bei den Beteiligten. Das wird dann oft fälschlicherweise als Bestätigung für die Richtigkeit des Schritts gedeutet. So sagte einmal ein Mann zu mir: „Das ist seit Jahren die erste friedliche Woche in meinem Leben." Diese Ruhe stellt sich ein, weil Sie das Schlachtfeld verlassen haben. Natürlich ist es jetzt ruhiger. Sie gehen ja gerade dem Konflikt aus dem Weg. Doch mit dem Rückzug sind Sie nicht auf der Straße des Siegers. Sie müssen sich erneut dem Kampf stellen, um den Feind Ihrer Ehe zu besiegen.

Durch die Trennung sind Sie nicht mehr so unmittelbar dem Konflikt ausgesetzt. Sie haben nun Zeit und Ruhe, nach biblischen Prinzipien zu forschen, die Ihnen sagen, wie man eine glückliche Ehe führt. Sie können sich über Ihre eigenen Gefühle klar werden, ohne gleich wieder gezwungen zu sein, auf die eine oder andere Weise zu handeln. Ihre Gefühle und Gedanken ordnen sich, so, wie Sie es lange nicht mehr erlebt haben. Durch die Trennung werden Sie also in die Lage versetzt, sich selbst und Ihren Partner in einem ganz neuen Licht zu sehen. Die Trennung ist daher nicht zwangsläufig der Anfang vom Ende. Vielleicht ist sie ja auch nur der Anfang.

Übungen und Fragen, die weiterhelfen

1. Wenn Sie derjenige sind, der ausgezogen ist, sollten Sie einmal konkret Ihre Gründe benennen. Schreiben Sie sie auf ein Blatt Papier, indem Sie Ihre Sätze beginnen mit: „Ich bin ausgezogen, weil ..."
2. Analysieren Sie die einzelnen Gründe! Welche davon könnten aus der Welt geschafft werden, wenn Sie und Ihr Partner es wollten?
3. Wenn Sie derjenige sind, der verlassen wurde, sollten Sie einmal konkret die Gründe benennen, die Ihr Partner für den Auszug gehabt haben könnte. Schreiben Sie sie auf ein Blatt Papier, indem Sie Ihre Sätze beginnen mit: „Er/Sie ist ausgezogen, weil ..."
4. Analysieren Sie die einzelnen Gründe! Welche

davon könnten aus der Welt geschafft werden, wenn Sie und Ihr Partner es wollten?

5. Lesen Sie das nächste Kapitel mit der Bereitschaft, sich verändern zu lassen! Überprüfen Sie Ihre Einstellungen und Handlungen!

2. Wir nehmen die Dinge in die Hand

Ich möchte dieses Kapitel mit sehr persönlichen Fragen beginnen. Diese Fragen würde ich auch stellen, wenn Sie bei mir im Büro säßen: Ist es Ihr *Wunsch,* sich für die Versöhnung mit Ihrem Partner aktiv einzusetzen? Ist es Ihr *Wunsch,* Kraft und Mühe einzusetzen, um herauszufinden, was getan werden kann? Wenn *Sie* wirklich wollen, dann will auch ich Ihnen ein paar Leitlinien aufzeigen, die Ihnen die Richtung weisen.

Was wir fühlen, denken und tun

Mark und Elke leben schon drei Monate getrennt. Er kommt einmal in der Woche vorbei, um die fünfjährige Tochter Susi zu besuchen. Ab und zu nimmt er Susi auch mit, und manchmal lädt Elke ihn ein, zum Essen zu bleiben. Meistens lehnt er allerdings ab. Nur zweimal hat er zugesagt. Elke tut alles, um positiv auf ihn einzuwirken. Doch immer wieder läuft es darauf hinaus, dass Elke Mark Vorwürfe macht, er habe eine andere. Und von diesem Augenblick an ist es regelmäßig vorbei mit den guten Gesprächen.

Irgendwann sagt sie dann doch wieder: „Wie konntest du mir das nur antun? Hast du keine Ehre im Leib? Was glaubst du, wie es mir dabei geht? Was soll unsere Tochter denken? Glaub ja nicht, dass sie noch nicht mitkriegt, was hier läuft! Sie ist noch klein, aber sie weiß ganz genau, was du tust. Du demütigst uns. Dein Bruder hat mir erzählt, dass er dich Donnerstagabend gesehen hat. Wenn du auch nur einen Augenblick glaubst, ich würde mich damit abfinden ... Und dann kommst du einfach so vorbei und tust, als wenn alles in bester Ordnung sei. Nichts ist in Ordnung! Dass du's nur weißt!" Es folgen ein paar unbedachte Worte, und Martha fängt auch noch an zu weinen.

Mark schwankt dann zwischen Rachegelüsten und Rückzugsgedanken. Wenn er sich für die Rache entscheidet, kann er genauso verbal attackieren wie seine Frau. Doch normalerweise entscheidet er sich für ein eisiges Schweigen, und er verlässt das Haus, während sie noch schluchzt und weint. Elke empfindet das als weitere Zurückweisung, und die feindselige Einstellung ihm gegenüber nimmt nur noch zu. Hier sieht es so aus, als würde die Trennung für die beiden nicht der Weg zur Versöhnung sein. Wenn sie so weitermachen wie bisher, werden sie bestimmt vor dem Scheidungsrichter landen.

Ohne sich dessen bewusst zu sein, wird Elke möglicherweise das Gegenteil von dem erreichen, was sie eigentlich erreichen will. Sie ist eine Sklavin ihrer Feindseligkeit geworden. Und sie sorgt dafür, dass jede Begegnung mit ihrem Mann zu einer unerfreulichen Angelegenheit wird. Ihr Verhalten ist nicht dazu geeignet, ihn zur Rückkehr zu motivieren. Vielmehr stößt sie ihn immer mehr ab. Welcher normale Mann wird schon zu einer Frau zurückkehren, die sich so benimmt? Ich sage nicht, dass er nicht zurückkehren *könnte*. Er könnte sich trotz ihres Verhaltens dafür entscheiden. Elke aber tut nichts für eine Wiederherstellung ihrer Ehe. Sie vertieft nur immer mehr die Kluft zwischen ihnen.

Unsere Gefühle können wir nicht direkt steuern. Aber wir können unsere Einstellung und unser Verhalten ändern. Negative Gefühle müssen zwar identifiziert werden, aber wir dürfen sie nicht pflegen. Es wäre auf jeden Fall dienlicher, wenn Elke zu ihrem Mann sagen würde: „Du, Mark, ich bin furchtbar wütend und fühle mich schrecklich verletzt, wenn ich glauben muss, dass du dich mit einer anderen triffst. Meine Freunde haben dich schon mit einer anderen Frau gesehen. Aber du leugnest das. Ich weiß nicht mehr, was ich denken soll. Ich möchte dir ja glauben, aber aufgrund meiner Erfahrungen aus der Vergangenheit fällt mir das furchtbar schwer. Auf jeden Fall weißt du, dass mir das alles etwas ausmacht. Wir können nicht wieder zusammenkommen, wenn du eine Affäre hast. Du wirst eine Entscheidung treffen müssen. In der Zwischenzeit möchte ich nicht mehr von meiner Wut beherrscht werden. Ich werde versuchen, dir mit Respekt zu begegnen. Du bist immerhin jemand, der mir ganz wichtig ist. Mit Gottes Hilfe werde ich es schaffen, dich nicht mehr anzugreifen, wenn wir zusammen sind." Elke hat damit die Freiheit gewonnen, konstruktiv auf Mark Einfluss zu nehmen. Sie steht nun zu ihren Gefühlen, aber sie lässt sich von ihnen nicht mehr beherrschen.

Und was ist mit Mark? Was fühlt und denkt er? Es könnte sein, dass er sich nicht mehr geliebt fühlt, dass er verärgert ist und Elke gegenüber wegen ihres

Verhaltens Feindseligkeit empfindet. Auch dieser Gefühle muss er sich zunächst einmal bewusst werden. Sein Verhalten beruht möglicherweise auf der Einstellung: *Ich werd's dir heimzahlen!* Vielleicht denkt er ja wie folgt: „Sie hat mein Bedürfnis nach Zärtlichkeit und Nähe nicht gestillt, deswegen war ich gezwungen, mich woanders umzuschauen." Er gibt also Elke die Schuld für sein Verhalten.

Was kann Mark tun, wenn er sich für die Versöhnung entscheidet? Zunächst muss er zu seinen Gefühlen stehen. So könnte er zu Elke sagen: „Schon eine ganze Zeit habe ich das Gefühl gehabt, dass du mich nicht liebst. Im Laufe der Jahre habe ich mich immer und immer wieder von dir zurückgestoßen gefühlt. Du hast viel von mir gefordert, aber deine Zuneigung habe ich selten gespürt. Deshalb sind meine Gefühle dir gegenüber so abgekühlt, und ich empfinde eigentlich nur noch Groll. Ich hoffe, dass diese Gefühle sich noch ändern können. Ich bete deshalb dafür, dass wir es lernen, offen miteinander zu reden. Ich möchte ja auch nicht von meinen negativen Gefühlen beherrscht werden."

Mark muss dann ganz offen über seine Beziehungen zu anderen Frauen reden. Sollte er sich in eine andere Frau mehr oder weniger verliebt haben, muss darüber gesprochen werden. Versöhnung beginnt immer beim Ist-Zustand einer Beziehung. Man kann eingestehen, sich von einer anderen Person angezogen zu fühlen. Aber man muss dem nicht nachgeben. Die Voraussetzung für eine Versöhnung ist der Abbruch jeglicher Zweierbeziehungen zu Vertretern des anderen Geschlechts, die bereits bestehen. So könnte Mark zu Elke sagen: „Es stimmt, ich fühle mich von einer anderen Frau ziemlich angezogen. Es wird mir sehr schwer fallen, nein zu sagen zu dieser Beziehung. Doch ich werde es tun, wenn du mithilfst, unsere Ehe zu retten."

Wenn Marks Beziehungen zu anderen Frauen jedoch nur platonische Freundschaften sind, dann muss er das Elke unmissverständlich mitteilen. Und sollte es ihr schwer fallen, dies zu glauben, muss er Verständnis für ihre Schwierigkeiten haben. Er könnte zu Elke sagen: „Ich verstehe natürlich, dass es dir schwer fällt, das zu glauben. Ich werde versuchen, dir durch mein Verhalten zu beweisen, dass ich keine Beziehung zu einer anderen Frau habe. Eines Tages wirst du mir wieder glauben können!" Mit solch einer Einstellung wird Mark bei entsprechendem Verhalten sein ernsthaftes Bemühen um eine Versöhnung deutlich machen. Sein Bemühen muss von der Bereitschaft begleitet sein, engere Beziehungen zu anderen Frauen zu meiden.

Wenn zwei Menschen erst einmal übereingekommen sind, ihre Ehe zu retten, sind sie viel eher bereit, die Konflikte zu lösen, die sie zuvor auseinander getrieben haben. Nun können sie sich endlich mit dem eigentlichen Problem beschäftigen.

Warum eine rasche neue Partnerschaft Probleme aufwerfen wird

Viele Trennungen bei Ehepaaren sind erst möglich geworden, weil eine dritte Person ins Spiel gekommen ist. In der ehelichen Beziehung hat es schon länger nicht mehr gestimmt. Es fehlten Wärme, Verständnis und ein Zusammengehörigkeitsgefühl. Und dann läuft dem einen Partner ein Mensch über den Weg, in den er sich Hals über Kopf verliebt. Vielleicht fühlt er sich ja auch zunächst nur emotional und körperlich angezogen. Aber das Ganze läuft unaufhaltsam auf einen Seitensprung hinaus. Dann kommt es zur Trennung, weil der Betreffende glaubt, dass aus der Liebesaffäre irgendwann eine neue Ehe entstehen könnte. Außerdem glaubt er (oder sie), dass eine neue Beziehung allemal besser sei als die bestehende Ehe.

Entweder der andere Partner bekommt dies irgendwann mit, oder es gelingt dem untreuen Partner, die Affäre langfristig zu verheimlichen. Es kommt auch vor, dass der neu verliebte Partner offen über seine Affäre spricht. In jedem Fall ist solch ein Verhalten hinderlich für einen Versöhnungsversuch. Untreue ist nicht, wie uns gewisse Psychologen weismachen wollen, ein belebendes Element für eine Ehe. Sie zerstört sie eher. Jüngste Forschungsergebnisse haben dies klar und deutlich belegt. Die Bibel hat solch ein Verhalten schon immer als Sünde verurteilt (2. Mose 20,14). Eine Romanze oder eine rein sexuelle Beziehung wird niemals den Weg zur Versöhnung ebnen. Affären sind vielmehr der sichere Weg zum Scheidungsrichter.

Ich möchte nicht missverstanden werden. Ich weiß, was für ein Dilemma eine Liebesaffäre sein kann: Sie möchten sich ja eigentlich gar nicht scheiden lassen, aber die neue Beziehung bedeutet Ihnen plötzlich so viel mehr. Schon nach wenigen Wochen oder Monaten lieben Sie den anderen leidenschaftlicher als Ihren Lebensgefährten. Sie können sich wieder ganz ungezwungen unterhalten, und Sie spüren das Verständnis, das man Ihnen entgegenbringt. Es scheint, als seien Sie füreinander gemacht.

Wie kann etwas verkehrt sein, was so perfekt passt? Sie wissen zwar, dass dies ein Bruch Ihres Eheversprechens ist. Sie wissen, dass solch ein Verhalten von der Bibel verurteilt wird. Aber Sie reden sich ein, Gott werde schon vergeben, und im Laufe der Zeit werde sicher Gras über die ganze Sache wachsen.

Es ist wahr, dass Gott vergeben wird, wenn wir unsere Sünden ernsthaft bekennen und Buße tun. Buße aber bedeutet, sich von der Sünde abzuwenden. Gott wird nicht vergeben, solange wir noch sündigen. Aber auch die Folgen der Sünde werden nicht automatisch getilgt. Ein Ereignis im Leben von David ist dafür ein gutes Beispiel (2. Samuel 11,1-12,31). Als David eines Abends auf dem Dach seines Palastes verweilte, beobachtete er Batseba, die auf einem anderen Flachdach badete. Er war so angetan von dem, was er da sah, dass er sich überlegte, wie er sich ihr nähern könne. Er ließ sie in den Palast bringen, um mit ihr sexuell zu verkehren. Sie kehrte nach Hause zurück, und David tat, als sei nichts geschehen. Vielleicht wollte er ja tatsächlich keine nähere Beziehung zu ihr. Oder er wollte sie nur hin und wieder zu einem Schäferstündchen treffen. Solange niemand davon erfuhr, würde es ja niemandem schaden.

Doch dann gab es doch noch ein kleines Problem: Batseba ließ ihn wissen, dass sie schwanger sei. Urija, ihr Mann, war schon monatelang im Krieg. David gab ihm darauf den Befehl, heimzukehren und sich auszuruhen. Er hoffte, Urija werde mit seiner Frau schlafen und deshalb denken, das Kind sei von ihm selbst. (Haben wir erst einmal gesündigt, beginnt für uns die Heimlichtuerei.) Aber Davids Plan ging nicht auf. Urija kehrte zwar heim, wollte aber auf keinen Fall sein Haus betreten und lieber bei seinen Soldaten übernachten. David machte ihn betrunken. Aber Urijas Loyalität war stärker als jeder Rausch. David versuchte es nun anders: Er gab den Befehl, Urija an die vorderste Front zu schicken, was dessen sicheren Tod bedeutete. Nun war David frei, Batseba zu heiraten, was er in aller Eile tat. Aber wie ging es weiter? Lesen Sie einmal Psalm 51, wenn Sie wissen wollen, wie sich das Bekenntnis eines gebrochenen Herzens anhört!

Sünde lohnt sich nicht. Auch wenn wir bekennen und Vergebung erlangen, so werden die negativen Folgen doch niemals ungeschehen gemacht. Die seelischen Narben, die Trennung und Scheidung hinterlassen, werden bleiben.

Dass Ehen heute in Schwierigkeiten kommen, hat verschiedene Gründe. Da ist zum einen die mangelhafte Bereitschaft, sich für die Erhaltung der Ehe einzusetzen und dafür zu arbeiten. Allzu schnell geben viele auf. Unsere ganze Gesellschaft ist von der Wegwerfneurose befallen. Wenn etwas keinen Spaß mehr bringt, wirf es weg – ob es das Auto ist oder der Partner. Ist es da ein Wunder, dass unsere Kinder so verunsichert sind? Wen wundert es da noch, dass es nur noch so wenig Vertrauen in den Ehen gibt. Auf unser Wort ist kein Verlass mehr.

Ein weiterer Hintergrund für viele Krisen besteht darin, dass dem Gefühl großer Raum gegeben wird. Ich kann mir vorstellen, was es bedeutet, wenn man die emotionale Nähe zum Partner verliert und sich in jemand anderes verliebt. Doch wir sollen unseren Gefühlen nicht immer nachgeben. Unser ganzes restliches Leben steht auf dem Spiel. Wer nur immer seinen Gefühlen nachgibt, wird mit Sicherheit irgendwann sehr einsam sein und sein Leben ruinieren. Über die Hälfte all derer, die den neuen Liebhaber heiraten, lassen sich irgendwann wieder scheiden. Es ist also in unserem ureigensten Interesse, wenn wir zu unserem Partner zurückkehren, unsere Konflikte lösen und es lernen, einander zu lieben und die Erfüllung unserer Träume realistisch zu halten.

Wie aber beendet man eine Affäre? Mit Würde, Respekt, Freundlichkeit und Entschiedenheit. Sie müssen der betreffenden Person klar machen, dass sie Ihnen nicht plötzlich gleichgültig ist. Bekennen Sie Ihre Einsicht, dass Sie Ihr Eheversprechen gebrochen haben. Teilen Sie dem Liebhaber oder der Geliebten mit, dass Sie sich entschlossen haben, auf eine Versöhnung mit Ihrem Lebenspartner hinzuwirken. Bekunden Sie ruhig Ihre bleibende Sympathie, aber machen Sie klar, dass Sie sich entschlossen haben, das Richtige zu tun und nicht das, was Ihr Gefühl Ihnen eingibt. Unsere Gefühle dürfen nicht unser Schicksal bestimmen. Wir geraten unweigerlich immer dann auf Abwege, wenn wir uns nur auf unser Gefühl verlassen. Glücklich wird jedoch der, der tut, was recht ist.

Ich sage nicht, dass der Weg zur Versöhnung leicht

ist. Es ist aber der *richtige* Weg. Und das, was wir uns erarbeiten, ist jede Mühe wert!

Was ist, wenn Sie der oder die Verlassene sind? Ihr Partner hat eine Affäre und lebt getrennt von Ihnen. Vielleicht *meinen* Sie ja auch nur, dass er schon wieder anderweitig liiert ist und dass das der Grund für die Trennung ist. Eins ist jedenfalls immer klar: Der oder die andere ist niemals der einzige Grund für eine Trennung. Fast immer hat es schon einige Zeit, bevor sich die Affäre anbahnte, in der Ehe gekriselt. Die Affäre hat vielleicht die Trennung unmittelbar ausgelöst, sie ist aber selten die Ursache für eine beschädigte Ehe. Ihre eigenen Fehler und die Ihres Partner haben zum Untergang Ihrer Ehe geführt. Ungelöste Konflikte, ungestillte Bedürfnisse und purer Egoismus zerfressen eine Beziehung über Wochen, Monate und Jahre.

Wie werden Sie auf den Seitensprung Ihres Partners reagieren? Mit Missbilligung natürlich. Aber wie sollen Sie diese Missbilligung zum Ausdruck bringen? Mit Wutausbrüchen und wüsten Beschuldigungen? Mit Depressionen, Rückzug und Selbstmorddrohungen? Mit einem bewusst gesuchten Seitensprung als Rache? Natürlich sind Sie jetzt enttäuscht, frustriert und tief verletzt. Doch was können Sie für eine Versöhnung tun? Keine der genannten Reaktionen ist dazu geeignet, eine Versöhnung herbeizuführen. Sie sollen Ihre Gefühle durchaus zum Ausdruck bringen. Aber werden Sie nicht ihr Sklave. Sagen Sie Ihrem Partner, wie verletzt Sie sind. Geben Sie eigene Fehler zu, und bitten Sie um Verzeihung!

Vielleicht reagiert der Partner nicht spontan. Oder seine erste Reaktion ist ablehnend und feindselig. Aber

Sie haben zumindest den ersten Schritt getan. Sorgen Sie darüber hinaus dafür, dass die Affäre des Partners nicht zum Thema Nummer eins wird. Hüten Sie sich davor, bei jeder Begegnung darüber zu reden! Konzentrieren Sie sich ganz darauf, Ihre Beziehung wiederherzustellen. Vielleicht beendet Ihr Partner seine Affäre nicht sofort, aber je mehr Sie tun können, um Ihren gemeinsamen Konflikt zu entschärfen und Hoffnung zu verbreiten, desto attraktiver wird die Aussicht auf Versöhnung. Wenn Sie vor Zorn um sich schlagen oder sich in Selbstmitleid ergehen, machen Sie eine Versöhnung nicht sehr wünschenswert für den anderen.

Drücken Sie Ihre Hoffnung und Zuversicht aus, dass Sie beide Lösungen für die Fehler der Vergangenheit finden werden. Fordern Sie noch keine konkreten Schritte, und geben Sie Ihrem Partner Zeit zum Nachdenken und Beten, damit er selbst entscheiden kann. Sie können die Versöhnung nicht erzwingen. Aber Sie können dafür sorgen, dass die Aussicht auf eine gemeinsame Zukunft attraktiv genug ist. Im Kapitel 5 wollen wir uns mit praktischen Schritten beschäftigen, die Sie jetzt tun können.

„Darf ich mich schon auf Partnersuche begeben, wenn ich bereits getrennt lebe?“ Wie oft ist mir diese Frage gestellt worden! Wenn Sie nicht frei sind zu heiraten, dann sind Sie auch nicht frei, auf Partnersuche zu gehen! Wenn Sie bereits auf Partnersuche gehen und vielleicht schon erste Kontakte knüpfen, nachdem Sie sich getrennt haben, verschlechtern Sie die Aussichten auf eine Versöhnung.

Ich weiß, dass Sie sich jetzt nach Liebe sehnen.

Schließlich sind Sie einsam geworden. Zuweilen ist die Last unerträglich. Und ich weiß, dass Fremdgehen in der Trennungsphase von der Gesellschaft heute gutgeheißen wird. Doch die meisten, die jetzt Beziehungen zum anderen Geschlecht eingehen – und wenn es nur lockere Verabredungen sind – werden kaum mehr zum Partner zurückkehren. Sie werden sich scheiden lassen. Wer einen neuen Partner sucht, der findet am Ende einen. Und dann wird er auch heiraten. Lockere Beziehungen sind keine Therapie für eine gescheiterte Ehe. Natürlich brauchen Sie jetzt Freunde, die Ihnen zuhören. Sie brauchen Menschen, die sich um Sie kümmern und Ihnen die Last tragen helfen. Doch diese Hilfe erfahren Sie nicht, wenn Sie sich bereits wieder zu „netten Abenden" verabreden. Mehr darüber, wie diese Hilfe aussehen kann, finden Sie in Kapitel 4.

Ich weiß, dass es nicht leicht fällt, das in der Praxis immer durchzuhalten. Aber ich denke schon, dass der gegenwärtige Trend, sich gleich nach der Trennung nach einem neuen Partner umzuschauen, bekämpft werden muss. Dieser Trend sorgt einfach für steigende Scheidungsraten. Wenn Sie an die Entscheidungsfreiheit des Menschen glauben, dann müssen Sie auch damit rechnen, dass der Ihnen fremd gewordene Partner sich besinnt und zu Ihnen zurückkehrt. Sie sollten auf diesen Tag vorbereitet sein! Doch wenn Sie sich bereits mit einem neuen Partner einlassen, werden Sie es nicht sein. Schließen Sie neue Freundschaften, aber hüten Sie sich vor Romanzen, solange das Schicksal Ihrer Ehe noch nicht feststeht.

Übungen und Fragen, die weiterhelfen

1. Was müssen Sie in Zukunft anders machen, wenn Sie auf eine Versöhnung hinarbeiten wollen? Erstellen Sie eine Liste von fünf Aussagen, die alle mit: „Ich nehme mir vor, ..." beginnen.
2. Sind Sie zu diesen Verhaltensänderungen wirklich bereit? Warum fangen Sie dann nicht gleich heute damit an? Machen Sie Ihrem Partner gegenüber keine großen Ankündigungen. Nutzen Sie die nächstbeste Gelegenheit dazu zu tun, was Sie sich vorgenommen haben.

3. Selbstfindung auf getrennten Wegen

Wir haben ja bereits festgestellt, dass Ehen aus drei wichtigen Gründen geschieden werden: durch ein mangelndes Vertrauensverhältnis

1. zu Gott,
2. zum Partner
3. zu sich selbst.

Mit dem *dritten* Punkt wollen wir uns in diesem Kapitel beschäftigen. Man könnte meinen, es wäre richtiger, mit dem Verhältnis zu Gott zu beginnen. Aber Tatsache ist, dass die Gottesbeziehung sehr stark vom Verhältnis zur eigenen Person abhängt. Die Trennung sollte dafür genutzt werden, *sich mit sich selbst zu beschäftigen* und positive Schritte zu mehr persönlichem Wachstum zu tun.

Die meisten von uns neigen dazu, sich entweder selbst zu *über*schätzen oder zu *unter*schätzen. Entweder erleben wir uns als totale Versager oder als unentbehrliche Alleskönner. Die Wahrheit liegt in den meisten Fällen allerdings zwischen diesen Extremen. Sie haben immer Stärken und Schwächen.

Minderwertigkeitsgefühle

Wer sich minderwertig fühlt, sieht immer nur seine Schwachpunkte. Wenn wir aber nur immer unser

Versagen wahrnehmen, fühlen wir uns auch als Versager. Solch ein Minderwertigkeitskomplex hat seinen Ursprung meist in der Kindheit. Unsere Eltern haben uns immer wieder – meist unbewusst – suggeriert, wir seien dumm, hässlich, ungeschickt und in den verschiedensten Bereichen ein Versager.

Ein 13-jähriger Junge, der an einem Magengeschwür litt, sagte einmal zu mir: „Dr. Chapman, ich mache es meinen Eltern niemals recht." „Wie kommst du darauf?", fragte ich nach. „Nun, wenn ich im Zeugnis eine Zwei habe, sagt mein Vater garantiert: ‚Du hättest doch sicher noch die Eins schaffen können!' Wenn ich Basketball spiele und einen Zweier schaffe, sagt mein Vater: ‚Da hättest du auch einen Dreier machen können. Du bräuchtest dich bloß ein bisschen mehr zu bewegen.' Wenn ich das Gras mähe, sagt er: ‚Am Rand hast du es wieder übersehen.' Ich kann ihm einfach nichts recht machen."

Dieser Vater hatte offenbar keine Vorstellung davon, was er seinem Sohn damit antat. Er wollte ihn ja eigentlich herausfordern, noch bessere Leistungen zu bringen. Doch in Wirklichkeit gab er ihm immer das Gefühl, auf der ganzen Linie ein Versager zu sein.

Normalerweise werden Minderwertigkeitsgefühle durch den ständigen Vergleich mit anderen genährt. Derjenige, der sich krankhaft minderwertig fühlt, wird sich immer nur mit denen vergleichen, die besser sind als er. Jeder kann, wenn er es will, andere finden, die hübscher, ansehnlicher, athletischer oder intelligenter sind. Aber gibt es nicht auch noch die Abermillionen von Menschen, die schlechter sind als Sie?

Das erinnert mich an den Bericht in 4. Mose 13: Mose sandte zwölf Kundschafter ins Land Kanaan. Die Mehrheit von ihnen (zehn von zwölf) kam mit folgendem Bericht zurück: *„Sogar die Riesen haben wir dort gesehen. Wir kamen uns selbst klein wie Heuschrecken vor, und auch ihnen erschienen wir so"* (Vers 33). Nicht nur sie selbst kamen sich vor wie Heuschrecken. Sie waren auch überzeugt, die anderen würden sie als Schwächlinge einschätzen.

Diese „Heuschreckenmentalität" ist typisch für Menschen mit Minderwertigkeitsgefühlen. Wie oft hört man etwa Frauen sagen: „Ich finde, dass ich hässlich bin, und andere finden das auch." Ich kenne eine Frau, die fühlte sich so unansehnlich, dass sie nicht einmal mehr auf die Straße ging. Niemand sollte sie ansehen. Doch in den allermeisten Fällen sind diese Frauen gar nicht hässlich. Sie gehen lediglich davon aus, dass auch andere sie so sehen, wie sie sich selbst sehen. Aber das ist meist ein Trugschluss.

Es kann daher von großer Bedeutung sein, zu wissen, wovon mein Selbstbild bestimmt wird. Drei Faktoren stehen im Zentrum:

1. Das Bild, das ich von mir selbst habe,
2. das Bild, das andere von mir haben, und
3. das Bild, das andere nach meiner Überzeugung von mir haben.

Die Faktoren 1 und 3 sind oft identisch. Aber der Faktor 2 unterscheidet sich immer wieder erheblich von den anderen. Unsere Mitmenschen sehen uns meist anders als wir selbst. Derjenige mit Minderwertigkeitsgefühlen kann mit Sicherheit davon ausgehen, dass 99 Prozent all der Personen, die ihn kennen, ihn für klüger und attraktiver halten und ihn höher einschätzen als er sich selbst. Warum wollen Sie eigentlich mit der Wahnvorstellung leben, andere hielten Sie für dumm, hässlich und nutzlos, wenn das in Wirklichkeit gar nicht der Fall ist?

„Aber, Dr. Chapman", wendet der eine oder andere jetzt vielleicht ein, „Sie haben ja keine Ahnung. Andere halten wirklich nichts von mir." Und dann zählt der Betreffende all die Dinge auf, die belegen, dass er seit seinem dritten Lebensjahr von seinen Mitmenschen für dumm gehalten wird. Selbst wenn ich Scharen von Zeugen bringen kann, die alle das Gegenteil bestätigen, wird das denjenigen nicht sonderlich beeindrucken. Er hat es sich in den Kopf gesetzt: Er ist nun einmal dumm, und niemand wird ihn je eines Besseren belehren.

Da fällt mir eine Geschichte ein: Es gab einmal einen jungen Mann, der es sich zur Gewohnheit gemacht hatte, an allen Beerdigungen in der Stadt teilzunehmen und im geeigneten Augenblick ein paar lobende Worte über den Verstorbenen fallen zu lassen. Eines Tages war ein stadtbekannter Säufer gestorben. Er hatte ein vollkommen verpfuschtes Leben geführt, so manche Straftat begangen und Frau und Kinder vernachlässigt. Er war als Schandmaul bekannt und hatte das Leben eines Außenseiters geführt. Die Leute aus der Stadt kamen hauptsächlich deswegen zu seiner Beerdigung, weil sie hören wollten, was jener notorische Optimist zu sagen hätte, nun, da das Ende gekommen war.

Wie erwartet, stand der junge Mann irgendwann auf und sagte nur einen Satz: „Er konnte gut pfeifen!“ Nach der Trauerfeier kamen die Menschen zu ihm und sagten: „Wir haben ihn niemals pfeifen hören. Hat er denn so gern und oft gepfiffen?“ Der Optimist erwiderte: „Ich habe ihn nur einmal gehört. Aber da hörte es sich richtig gut an.“

Es ist ein Jammer, dass der Trunkenbold nicht öfter in seinem Leben gepfiffen hat. Wenn das das Einzige war, was er wirklich gut konnte, hätte er vielleicht noch etwas daraus machen können. Was können Sie gut? Beschäftigen Sie sich doch einfach ein bisschen intensiver mit Ihren Stärken als mit Ihren Schwächen.

Nach einer Trennung wird sich jemand, der anfällig für Minderwertigkeitsgefühle ist, sehr schnell die Schuld an allem geben. Er (oder sie) wird beim Partner um die Chance eines Neuanfangs betteln. Doch wenn er abgewiesen wird, versinkt er in einer tiefen Depression, und die Selbstmordgefährdung nimmt zu.

Wie kann man verhindern, dass sich diese Abwärtsspirale zu drehen beginnt? Nehmen wir uns doch die Ermahnung der Bibel zu Herzen. In Psalm 15,2 steht, dass der Recht tut, der von Herzen die Wahrheit sagt. Das gilt natürlich auch für das Urteil, das wir über uns selbst sprechen. Jesus hat einmal gesagt, dass die Wahrheit uns frei mache (Johannes 8,31-32).

Was aber ist die Wahrheit, die wir über uns selbst erkennen sollen? Jeder von uns ist nach dem Bild Gottes geschaffen worden. Jeder ist daher unendlich wertvoll. Auch Sie haben viele Fähigkeiten und Talente. Sie haben eine Reihe von Eigenschaften, die andere bewundern. Sicher haben Sie auch Niederlagen erlebt. Wer hat das nicht? Doch das bedeutet noch lange nicht, dass Sie insgesamt ein Versager sind. Sie versagen immer nur dort, wo Sie sich zu früh aufgeben oder Ihre Grenzen tatsächlich einmal überschätzt haben. Wichtig ist also, dass Sie zunächst einmal – auch gegen Ihre Minderwertigkeitsgefühle – Ihr ganzes Potenzial ausloten und ausschöpfen, um Ihr Ziel zu erreichen.

Der erste Schritt, der ein Umdenken in Gang setzt, ist die Erkenntnis, dass Gott Sie längst noch nicht aufgegeben hat. So schrieb der Apostel Paulus: *„Ich vertraue darauf, dass er, der bei euch das gute Werk begonnen hat, es auch vollenden wird bis zum Tag Christi Jesu"* (Philipper 1,6). Trotz all der schlimmen Dinge, die sich ereignet haben, trotz all Ihrer Niederlagen ist es immer noch Gottes Absicht, Ihr Leben zum Guten zu wenden. Und er hat gewiss ein paar Pläne dafür. Sie müssen nur ehrlich vor sich selbst sein, sich nicht aufgeben und sich entsprechend verhalten.

Überlegenheitsgefühle

Der entgegengesetzte Persönlichkeitstyp ist der Mitmensch, der sich einbildet, immer der Größte zu sein. Er macht grundsätzlich keine Fehler. Gibt es Probleme in der Ehe, so ist natürlich immer der Partner schuld. Hält man ihm sein Versagen vor, so wird er sich herausreden. Er sei schließlich nicht perfekt, aber letztlich liege die Schuld doch beim Partner.

Diese Denkstrukturen mit dem entsprechenden Verhalten werden im Kindesalter gebildet. Sie entstehen vor allem bei dem verwöhnten und verzogenen Kind. Es hat wenige Pflichten zu erfüllen gehabt. Und es ist mit dem Gefühl groß geworden, dass die Umwelt es ihm schulde, für sein Wohl zu sorgen. Es ist ein Mensch daraus geworden, der immer nur fordert. Intolerant den Schwächen anderer gegenüber geworden, geht er eine Beziehung nach der anderen ein, und alle scheitern, weil er die Menschen ausnutzt. Er ist dominant und setzt seinen Kopf durch. Stößt er auf Widerstand beim Partner, versucht er mit Gewalt, den anderen in seine Richtung zu zwingen. Fügt der sich aber nicht, ist der sich überlegen fühlende Partner schnell bereit, sich zu trennen und dem anderen alle Schuld in die Schuhe zu schieben.

Welche Wahrheit wird einen Menschen freimachen, der an einem übersteigerten Selbstwertgefühl leidet? Es ist die Erkenntnis, dass auch er am Fuß des Kreuzes Christi steht. Wir alle brauchen Vergebung. Auch Sie haben sich – wie alle anderen – schuldig gemacht. Doch Sie sind bisher nicht bereit gewesen, Ihre eigenen Schwächen einzugestehen. Dafür machen Sie ein Geschrei, wenn andere sich vertun. Sie sind wichtig, das stimmt. Aber Sie sind nicht wichtiger als jeder andere. Sie sind vielleicht intelligent. Aber Intelligenz ist ein Geschenk Gottes, für das Sie dankbar sein sollten. Sie haben viele Ihrer gesteckten Ziele erreicht. Gratulation! Aber nun sollten Sie sich darum bemühen, die Geheimnisse Ihres Erfolges weiterzugeben, um aus persönlicher Anschauung zu erfahren, was das Wort Jesu bedeutet: „Geben ist seliger als nehmen" (Apostelgeschichte 20,35).

Haben Sie bisher immer das Gefühl gehabt, anderen in jeder Beziehung überlegen zu sein? Dann ist es Zeit für ein Schuldbekenntnis und die Umkehr. Steigen Sie herab von Ihrem hohen Ross, und haben Sie Freude am Leben in der Gemeinschaft mit Ihren Glaubensgeschwistern. Sie müssen nicht perfekt sein, um eine Persönlichkeit zu sein. Die Menschen werden nicht weniger von Ihnen halten, wenn Sie zu Ihren Schwächen stehen. Im Gegenteil: Ihre Überheblichkeit hat in der Vergangenheit dafür gesorgt, dass andere wenig von Ihnen hielten und auf Abstand gegangen sind.

Nach der Trennung wird der von sich selbst Überzeugte fast immer dem Partner die Schuld für die zerrüttete Ehe geben, auch wenn er selbst ausgezogen ist oder sogar schon ein neues Verhältnis hat. Wenn der andere dann zufällig noch zu Minderwertigkeitsgefühlen neigt, wird er diese Schuldzuweisungen annehmen und zusätzlich darunter leiden.

Menschen mit einem übersteigerten Selbstwertgefühl finden immer ganz schnell Ausreden für ihr sündiges Verhalten. Sie wissen ja eigentlich, was in der Bibel steht, *aber* sie haben immer zahllose Gründe parat, warum bei ihnen der Fall anders liegt.

Der erste Schritt zur Besserung ist bei solchen Personen das Eingeständnis, mit allen menschlichen Schwächen behaftet zu sein. Nobody is perfect! Machen Sie sich auf die Suche nach Ihren Schwächen, und bekennen Sie sie vor Gott und Ihrem Partner! Seien Sie so konkret wie möglich! Sie werden beobachten, dass Sie sich viele Freunde damit machen. Der Selbstgerechte wird dagegen von Tag zu Tag einsamer.

Was uns als Person ausmacht

Wir haben bisher lediglich zwei Persönlichkeitsmerkmale angesprochen: das Minderwertigkeitsgefühl und die Überheblichkeit. Doch das, was einen Menschen ausmacht, ist sein gesamtes Erfahrungsspektrum. Wenn ich von der *Persönlichkeit* spreche, meine ich Ihr ganz individuelles Denk-, Gefühls- und Verhaltensmuster. Kein Mensch gleicht einem anderen, auch wenn man hier und da gemeinsame Tendenzen feststellen kann.

Unsere Persönlichkeitsstruktur bestimmt weitgehend, wie wir uns im Leben einrichten. Die Tragödie unserer Tage ist, dass man uns glauben machen will, unsere Persönlichkeit sei bereits mit fünf oder sechs Jahren in Beton gegossen und unser Schicksal damit vorherbestimmt. Viele haben das Gefühl, in einer Falle zu sitzen. Sie sind sich zwar der Gedanken, Gefühle und Verhaltensmuster bewusst, durch die Sie sich in der Vergangenheit immer wieder in Schwierigkeiten gebracht haben, doch gleichzeitig sind sie der irrigen Meinung, nichts dagegen tun zu können.

Es stimmt natürlich, dass sich bestimmte Verhaltensmuster im Erwachsenenalter verfestigt haben. Diese bestimmen sehr nachhaltig unser Leben. Aber sie müssen uns keineswegs *beherrschen.* Wenn wir an die Wirksamkeit von Erziehung glauben und wir Bekehrung und geistliches Wachstum als Realität erfahren haben, dann steht dies vollkommen im Widerspruch zur heute so verbreiteten Vorstellung, unser Schicksal werde durch Verhaltensmuster bestimmt, die in der Kindheit entstanden seien. Die Botschaft der Bibel ist, dass wir selbst dafür verantwortlich sind, wie wir unser Leben führen. Unsere Reaktion auf das Liebeswerben Gottes, unsere großen und kleinen Entscheidungen und unsere bewusst eingenommenen Einstellungen bestimmen die Qualität unseres Lebens. Wir sollten uns also nicht dem Gefühl hingeben, wir seien hilflose Gefangene unserer Persönlichkeit. Es ist wichtig, dass wir unsere Persönlichkeitsstrukturen erkennen, damit wir unsere Kräfte dort mobilisieren können, wo wir Schwächen haben. Nutzen Sie Ihre Stärken, und tun Sie etwas gegen Ihre Schwächen!

Was wissen Sie über sich selbst? Was für ein Mensch sind Sie bisher gewesen? War Ihre Lebenseinstellung eher positiv oder negativ? Eine Frau erzählte mir: „Mein Mann ist so durch und durch negativ, dass er beim Aufwachen am Morgen entweder sagt: ‚Mist, jetzt habe ich wieder verschlafen'. Oder aber: ‚So was Dummes, jetzt habe ich wieder nicht ausschlafen können.'" Für diesen Mann fing jeder Tag immer mit einer Enttäuschung an. Mit solch einer Lebenseinstellung kann man nicht gewinnen. Vielleicht glauben Sie nicht, dass es solche durch und durch negativen Menschen gibt. Aber es gibt sie in großer Zahl. Ist das vielleicht auch Ihre Art? Wenn das der Fall ist, haben Sie dann schon in Erwägung gezogen, ob diese Einstellung zum Zerbruch Ihrer Ehe geführt hat? Können Sie sich vorstellen, was das für eine seelische Belastung für Ihren Partner ist, wenn er Tag für Tag Ihre Hiobsbotschaften verkraften muss?

Sind Sie anderen Menschen und sich selbst gegenüber kritisch oder wohlwollend? Wie war das heute? Haben Sie sich selbst schon ein Kompliment gemacht? Haben Sie einer anderen Person etwas Nettes gesagt? Oder haben Sie schon jemand kritisiert? Haben Sie sich selbst Vorwürfe gemacht? Ist Kritiksucht Ihr Lebensstil? Wie wirkt sich das in Ihrer Ehe aus?

Wie reden Sie mit anderen? Wie mitteilsam sind Sie? Schweigen Sie eher wie ein Grab, oder reden Sie offen über alles? Eine Frau berichtete mir: „Mein Mann hat nie darüber gesprochen, was in ihm vorging. Wir lebten quasi nebeneinander her. Ich war darüber nicht sehr glücklich. Aber ich wusste auch nicht, was ich dagegen tun könnte. Eines Tages kam er nach Hause und eröffnete mir, dass er mich verlassen wolle. Ich wollte es erst gar nicht glauben. Ich hatte keine Ahnung, dass es schon so schlimm war."

Wie konnte es dazu kommen? Hier tat ein Mann etwas, wozu wir alle neigen: Wir behalten viel zu viele Dinge für uns. Das führt dazu, dass unsere Beziehung langsam einschläft. Kann solch eine Ehe noch geheilt werden? Davon gehe ich aus, aber es sind schon ein paar „chirurgische Eingriffe" nötig, die nur ein Fachmann (Seelsorger, Therapeut oder Pastor) durchführen kann. Wenn erst einmal das Gespräch zwischen den Partnern wieder in Gang gekommen ist, ist die Suche nach Lösungen gar nicht mehr so schwierig. Niemand sucht nach Lösungen, der sich des Problems nicht bewusst ist – auch nicht Ihr Partner.

Gehören Sie zu den Verschwiegenen, die Gefühle tief in sich vergraben? Dann sollten Sie die Zeit der Trennung nutzen, es zu lernen, Ihre Gefühle freizulassen. Suchen Sie sich einen Seelsorger oder guten Freund, und bitten Sie ihn um Rat und Beistand! Wenn Sie es gelernt haben, mit jemand anderem offen zu kommunizieren, werden Sie auch mit Ihrem Partner wieder ins Gespräch kommen. Die Fähigkeit, Dinge auch für sich behalten zu können, ist ja grundsätzlich nicht verkehrt. Nur wenn dabei übertrieben wird, kommt es zu Problemen. Sobald Sie Ihre ganz persönlichen Schwächen ausgemacht haben, werden Sie begreifen, wie sehr diese sich in Ihrer Ehe bemerkbar gemacht haben. *Aber: Mit dem Beistand Gottes wird es Ihnen gelingen, Ihr Verhalten in vielerlei Beziehung nachhaltig zu ändern!*

Akzeptieren, was nicht zu verändern ist

„Ändert wohl ein Kuschiter seine Hautfarbe oder ein Leopard seine Flecken?", heißt es im Alten Testament (Jeremia 13,23). Und Jesus sagte: *„Wer von euch kann mit all seiner Sorge sein Leben auch nur um eine kleine Zeitspanne verlängern?"* (Matthäus 6,27). Es gibt Dinge, die nicht zu ändern sind. Ihre Körpergröße, die Hautfarbe, die Haarfarbe, die Fülle des Haars und die Augenfarbe sind feste Größen, zumindest solange die Naturwissenschaft nicht wieder neue Erfindungen macht.

Der am wenigsten beeinflussbare Faktor in unserem Leben ist jedoch unsere Vorgeschichte. Was vergangen ist, kann nicht mehr verändert werden. Das ist logisch. Man kann sein Leben nicht noch einmal leben. Sie haben keinen Einfluss darauf, wer Ihre Eltern sind. Diese Fakten sind unabänderlich. Ihre Kindheit – ob glücklich oder voller Nöte – ist und bleibt ein fester Bestandteil Ihrer Lebensgeschichte.

Auch Ihre bisherigen Erfahrungen mit der Ehe fallen in diese Kategorie. Es ist sinnlos zu überlegen: „Wir hätten eigentlich nie heiraten sollen." Sie sind nun einmal verheiratet. Das, was Ihre Ehe bisher ausgemacht hat, ist Geschichte. Sie können nichts, was geschehen ist, rückgängig machen. Kein gefallenes Wort kann wieder verschluckt und keine Tat aus der Welt geschafft werden. Wir können Vergebung für getanes Unrecht erbitten. Doch selbst das schafft die schlimmen Folgen unserer Sünde oft nicht mehr aus der Welt.

Wir können unsere Biografie zwar nicht ändern, aber wir können sie akzeptieren. Als Jesus der Frau am Brunnen begegnete, da forderte er sie nicht auf, ihre fünf Ehen aus ihrer Lebensgeschichte zu tilgen, denn das wäre nicht gegangen. Er bot ihr aber das Wasser des Lebens an, das ihren offenkundigen Durst stillen würde (Johannes 4,5-29).

Wir vergeuden Zeit und Energie, wenn wir ständig darüber nachgrübeln, was gewesen wäre, wenn ... Gestehen wir unsere Fehler ein – uns selbst, Gott und unserem Partner gegenüber. Nehmen Sie Gottes Vergebung an. Vergeben Sie sich selbst, und vertrauen Sie darauf, dass auch Ihr Partner Ihnen vergeben wird. Mehr können Sie bezüglich Ihrer Vergangenheit nicht tun. Blicken Sie in die Zukunft, denn deren Gestaltung liegt noch in Ihrer Hand.

Warum nehmen Sie sich nicht gerade jetzt, wo Sie getrennt leben, die Zeit, um sich darüber klar zu werden, wer Sie eigentlich sind? Es sollte eine ehrliche Bestandsaufnahme werden. Versuchen Sie herauszubekommen, welche Grundmuster Ihrem Denken, Fühlen und Handeln zugrunde liegen! Fragen

Sie sich, wo Ihre Stärken liegen, und nutzen Sie sie dann, um das Beste aus Ihrem Leben zu machen. Sehen Sie auch Ihre Schwächen realistisch. Legen Sie fest, was sich unbedingt ändern muss, und ergreifen Sie die entsprechenden Maßnahmen. Finden Sie sich mit den Dingen ab, die nicht geändert werden können. Es kann eine spannende Zeit für Sie werden, wenn Sie erst einmal anfangen, sich selbst zu entdecken und fortzuentwickeln. Schon nach ein paar Monaten können Sie ein anderer Mensch sein.

Die Chancen erkennen und nutzen

Die Zeit der Trennung ist nicht nur dazu geeignet, Ihre Stärken und Schwächen aufzudecken. Sie können auch üben, Ihre Kreativität zu entfalten. Sofern Sie keine Kinder haben, steht Ihnen nun viel mehr Zeit zur Verfügung. Warum nutzen Sie diese Zeit nicht, um verschüttete Interessen und Hobbys wieder zu beleben? Lesen Sie jetzt die Bücher, die Sie immer schon lesen wollten! Nehmen Sie Klavierunterricht, oder lernen Sie Gitarre spielen! Besuchen Sie Volkshochschulkurse oder das Abendgymnasium – vielleicht nur, um einen neuen Freundeskreis aufzubauen! Gehen Sie ins Konzert oder ins Theater! Treiben Sie Sport! An Ihrem Wohnort wird bestimmt einiges angeboten, was Ihre Fähigkeiten zur Entfaltung bringen kann.

Es kann natürlich durchaus sein, dass Sie durch den Schmerz der Trennung gar keine rechte Lust haben, besonders aktiv zu werden. Vielleicht haben Sie in Ihrer Einsamkeit jedes Interesse an der Außenwelt verloren. Doch wenn Sie zu Hause sitzen und immer nur grübeln, werden Sie vielleicht schwermütig werden. Doch wenn Sie sich aufraffen und etwas tun, was Sie schon immer gern tun wollten, dann werden Sie schnell merken, dass dies ein kleiner Lichtschein in der Dunkelheit ist!

Setzen Sie sich zunächst kleine, erreichbare Ziele! Planen Sie kurz- und mittelfristig, damit die Zukunftsperspektive für Ihr Leben nicht wie ein großes, schwarzes Loch wirkt. Was können Sie *heute* Konstruktives tun? Je aktiver Sie *heute* werden, desto zuversichtlicher werden Sie in die Zukunft schauen.

Indem Sie sich selbst besser verstehen lernen, Ihre Persönlichkeit entfalten und sich selbst annehmen, bereiten Sie den Boden für eine Versöhnung mit dem Partner.

Übungen und Fragen, die weiterhelfen

Schreiben Sie die Antworten auf folgende Fragen auf ein Blatt Papier:

1. Welche Eigenschaften mag ich an mir?
2. Welche Emotionen und Gefühlsregungen habe ich heute schon gehabt? Teilen Sie Ihre Antworten in zwei Kategorien: negative Gefühle / positive Gefühle.
3. Was sagen meine negativen Gefühle über mich als Person?
4. Was sagen meine positiven Gefühle über mich als Person?
5. Was würde heute meiner Seele gut tun?
6. Was kann ich konkret tun, damit diese Bedürfnisse auf sinnvolle Weise gestillt werden?

7. Welche Charaktereigenschaften sollten sich bei mir ändern?
8. Welchen ersten konkreten Schritt werde ich heute dazu tun?
9. Welche Umstände in meinem Leben lehne ich ab, ohne sie ändern zu können?
10. Werden Sie sich mit diesen Gegebenheiten abfinden und sich auf die positiven Aspekte Ihres Lebens konzentrieren? Ja / Nein

4. Gott wieder entdecken

Psalm 77,1-16
Ich rufe zu Gott, ich schreie,
ich rufe zu Gott, bis er mich hört.
Am Tag meiner Not suche ich den Herrn;
unablässig erhebe ich nachts meine Hände,
meine Seele lässt sich nicht trösten.
Denke ich an Gott, muss ich seufzen;
sinne ich nach, dann will mein Geist verzagen.
Du lässt mich nicht mehr schlafen;
ich bin voll Unruhe und kann nicht reden.
Ich sinne nach über die Tage von einst,
ich will denken an längst vergangene Jahre.
Mein Herz grübelt bei Nacht,
ich sinne nach, es forscht mein Geist.
Wird der Herr mich denn auf ewig verstoßen
und mir niemals mehr gnädig sein?
Hat seine Huld für immer ein Ende,
ist seine Verheißung aufgehoben für alle Zeiten?
Hat Gott seine Gnade vergessen,
im Zorn sein Erbarmen verschlossen?
Da sagte ich mir: „Das ist mein Schmerz,
dass die Rechte des Höchsten so anders handelt."
Ich denke an die Taten des Herrn,
ich will denken an deine früheren Wunder.
Ich erwäge all deine Werke
und will nachsinnen über deine Taten.
Gott, dein Weg ist heilig.
Wo ist ein Gott, so groß wie unser Gott?

Du allein bist der Gott, der Wunder tut,
du hast deine Macht den Völkern kundgetan.
Du hast mit starkem Arm dein Volk erlöst,
die Kinder Jakobs und Josefs.

Auch unsere Beziehung zu Gott wird darüber bestimmen, ob unsere Ehe gelingt oder zerbricht. Augustinus hat einmal gesagt: „Der Mensch wurde von Gott geschaffen, und er findet keine Ruhe, bis er Gott gefunden hat." Wenn wir vom Ehepartner erwarten, dass er für uns eine Quelle des Glücks und der Garant für unser Selbstwertgefühl ist, dann schauen wir in die falsche Richtung. Zu viele Menschen erwarten vom Partner, was eigentlich nur Gott leisten kann. Seelenfriede, Geborgenheit, Zuversicht bezüglich des eigenen Schicksals und Lebensfreude – all das ist nicht in erster Linie durch eine eheliche Beziehung zu bekommen. Allein eine innige Beziehung zu Gott kann uns rundum glücklich machen.

In welchem Zustand ist Ihre Gottesbeziehung, während Sie getrennt leben? Viele in Ihrer Lage stellen fest, dass sie Gott gegenüber Groll empfinden. Sie nehmen es ihm übel, dass er Leid, Einsamkeit und die tiefe Enttäuschung über eine zerbrochene Beziehung überhaupt zugelassen hat. Andere dagegen erleben, dass Sie sich Gott ganz neu zuwenden und bei der Suche nach Beistand wieder eine innigere Beziehung zu ihm bekommen.

Psalm 77 ist der sehr persönliche Erlebnisbericht eines Menschen, der durch eine schwere Zeit voller Krisen gegangen ist. Sie werden feststellen, dass der

Verfasser gleich zu Anfang die Entfremdung von Gott und die Ferne zu anderen Menschen beklagt, weil er darunter besonders leidet. Doch inmitten seines Leides wendet sich der Psalmbeter wieder an Gott, und er denkt an vergangene Zeiten, die besser waren, weil er damals noch die Segnungen Gottes erfuhr und in Harmonie mit anderen Menschen lebte.

Der Abschnitt in unserem Psalm endet mit dem sehr bildhaften Wort: *„Du hast mit starkem Arm dein Volk erlöst."* Das ist immer Gottes größter Wunsch für alle, die zu seinem Volk gehören. Doch das kann auch ein schmerzvoller Vorgang sein. So schreibt David in Psalm 77: *„Durch das Meer ging dein Weg, dein Pfad durch gewaltige Wasser, doch niemand sah deine Spuren"* (Vers 20). Vielleicht haben auch Sie gerade das Gefühl, durch gewaltige Wasser zu gehen und die Spuren Gottes nirgends entdecken zu können. Seien Sie trotzdem getrost: Gott hat großes Interesse an Ihnen. Er ist Ihr himmlischer Vater. Deshalb sind ihm Ihre augenblicklichen Lebensumstände *nicht* gleichgültig! Jesu Worte: *„Kommt alle zu mir, die ihr euch plagt und schwere Lasten zu tragen habt. Ich werde euch Ruhe verschaffen"*, gelten Ihnen (Matthäus 11,28). Ja, auch Sie plagen sich, weil der Stress Ihnen zu schaffen macht. Auch Sie tragen schwere Lasten durch Schuld, Zorn, Feindseligkeit und Angst. Beachten Sie einmal, dass Jesus Sie nicht auffordert, zuerst Ihre Lasten abzulegen und dann zu ihm zu kommen. Nein, Sie sollen kommen, wie Sie sind. Er verspricht, Ihnen Ruhe zu verschaffen. Dabei fordert er Sie nicht auf, allein mit Ihren Problemen fertig zu werden. Er wird sie auch nicht in jedem Fall von Ihnen nehmen. Trotzdem verspricht er, dass Sie bei ihm wieder Tritt fassen werden.

Gott ist Ihr Freund und Vater. Die Schrift lehrt, dass er der Vater all jener ist, die zu ihm durch seinen Sohn Jesus Christus kommen. Er ist nicht der Vater aller Menschen, sondern nur derer, die Jesus Christus als ihren Herrn anerkennen. Aber er ist der Freund aller Menschen. Es ist Gottes Verlangen, enge Gemeinschaft mit uns zu haben. Er möchte, dass wir einen Sinn im Leben finden und die Probleme meistern, die uns begegnen. Wenn wir tief in der Krise stecken, fällt es uns manchmal nicht leicht, zu glauben, dass Gott alles für uns tun kann. Ich möchte Ihnen nun ein paar Schritte zeigen, durch die Sie in der Zeit der Trennung geistlich wachsen können.

Wir lernen, mit unseren Fehlern umzugehen

Vielleicht gelingt es Ihnen ja tatsächlich, Ihren Anteil am Scheitern Ihrer Ehe wahrzunehmen. Möglicherweise sind aber die Fehler des Partners in Ihren Augen sehr viel gewichtiger, und Sie haben Stunden damit zugebracht, ihn dafür anzuklagen. Man kann Jesu Wort in Matthäus 7 durchaus auch auf die Ehe anwenden. Dann lautete es folgendermaßen: „Warum siehst du den Splitter im Auge deines *Partners*, aber den Balken in deinem Auge bemerkst du nicht? Wie kannst du zu deinem *Partner* sagen: ‚Lass mich den Splitter aus deinem Auge herausziehen!‘ – und dabei steckt in deinem Auge ein Balken? Du Heuchler! Zieh zuerst den Balken aus deinem Auge, dann kannst du versuchen, den

Splitter aus dem Auge deines *Partners* herauszuziehen“ (Verse 3-5).

Wir neigen alle zunächst einmal dazu, dem Partner die Schuld in die Schuhe zu schieben und uns einzureden, dass unsere Ehe gerettet werden könnte, wenn nur der andere sich ändern würde. Jesus sagt jedoch, dass wir bei unserer eigenen Sünde anfangen müssen, sei sie groß oder klein. Nur unsere eigene Sünde können wir bekennen. Und wenn wir das schaffen, sind wir viel besser gerüstet, mit den Fehlern unseres Partners umzugehen. Wenn wir unserem Ehepartner gegenüber versagen, versagen wir auch vor Gott, denn Gott hat uns geboten, einander zu lieben (Johannes 13,34). Unsere Liebe zu Gott kommt nur dadurch zum Ausdruck, dass wir einander lieben.

Der wohl aussagekräftigste Vers in der Bibel zur seelischen Gesundheit steht in der Apostelgeschichte (24,16): *„Deshalb bemühe auch ich mich, vor Gott und den Menschen immer ein reines Gewissen zu haben.“* Paulus sprach aus persönlicher Erfahrung. Er wusste, dass es Überwindung kostet, mit den eigenen Fehlern richtig umzugehen, dass aber diese Mühe notwendig ist, um seelisch und geistlich gesund zu werden. Wir müssen uns nicht mehr herausreden. Wir geben vor Gott zu, dass wir Fehler begangen haben. Die Schrift sagt uns zu: *„Wenn wir unsere Sünden bekennen, ist er treu und gerecht; er vergibt uns die Sünden und reinigt uns von allem Unrecht“* (1. Johannes 1,9). In dem Augenblick, da wir willens sind, unser Versagen zuzugeben, ist Gott bereit, uns unsere Sünde zu vergeben. Doch solange wir unsere Sünde immer nur bemänteln, wird Gott nicht hinhören, wenn wir beten (Psalm 66,18).

Der erste Schritt, den wir tun müssen, um unsere Beziehung zu Gott zu entwickeln, ist das Eingeständnis, auch selbst vieles falsch gemacht zu haben. Nehmen Sie sich Papier und Bleistift, und fragen Sie dann Gott: „Herr, was habe ich in meiner Ehe falsch gemacht?“ Wenn Sie dann in sich hineinhorchen, sollten Sie alles aufschreiben, was Ihnen in den Sinn kommt. Bekennen Sie Gott Punkt für Punkt, und danken Sie ihm, dass Jesus die Strafe für Ihre Sünde bereits bezahlt hat! Nehmen Sie dann seine Vergebung für Ihre Sünde an! Das Erlebnis, Vergebung zu erfahren, befreit uns von einer großen Last. Ohne Bekenntnis kann es keine Vergebung geben. Ohne Vergebung aber sind wir Gefangene unserer eigenen Schuld.

Bekenntnis und Vergebung bedeuten noch nicht, dass wir nun kein Gefühl der Reue mehr spüren. Vergebung ist Gottes Verheißung, dass er uns unsere Sünde fortan nicht mehr vorhalten wird. Wir selbst können uns aber immer noch ziemlich miserabel fühlen, wenn wir darüber nachdenken, was wir verkehrt gemacht oder zu Unrecht unterlassen haben. Allerdings haben unsere Gefühle nichts mit Gottes Vergebung zu tun. Wir müssen deshalb alles daransetzen, dass diese anklagenden Gedanken uns nicht besiegen. Wenn uns nach einem Bekenntnis Schuldgefühle wieder zu schaffen machen, so brauchen wir nur zu sprechen: „Danke, Vater, dass diese Sünden bereits von dir vergeben worden sind und dass du sie mir nicht mehr vorwirfst. Hilf mir, mir nun auch selbst zu vergeben.“

Wenn wir Gott unsere Sünden bekennen, dann ist das, als seien wir von einer beschwerlichen Reise heimgekehrt, und unser Vater würde uns mit ausgebreiteten Armen empfangen, das gemästete Kalb schlachten lassen und ein großes Fest zu unserer Heimkehr ausrichten (Lukas 15,21-24). Solch eine Heimkehr könnte das wichtigste Ereignis während der Zeit der Trennung für Sie werden! Sie würden zu dem heimkehren, der Sie geschaffen hat und der genau weiß, welcher Weg der beste für Sie ist.

Lernen Sie es, mit Gott ins Gespräch zu kommen

Ihre Beziehung zu Gott entwickelt sich nur, wenn Sie es lernen, mit ihm ins Gespräch zu kommen. Dazu möchte ich Sie daran erinnern, dass ein wirkliches Gespräch keine Einbahnstraße ist. Nicht nur wir reden mit Gott; Gott redet auch mit uns. Viele Menschen sind fleißige Beter: Sie reden mit Gott. Aber gar nicht so viele hören auch hin, wenn er ihnen etwas zu sagen hat. Ich meine damit nicht, dass Gott mit einer hörbaren Stimme zu uns redet. Gott spricht durch die Bibel auf einer ganz persönlichen Ebene mit denen, die sich die Zeit nehmen, auf ihn zu hören.

So mancher denkt, die Bibellektüre und das Gebet seien lediglich fromme Übungen. Doch in Wahrheit sollen sie die Kommunikationsmittel innerhalb der vertrauten Beziehung zwischen Mensch und Gott sein. Indem wir die Bibel lesen, spricht Gott zu uns über sich selbst und über unser Leben. Die Bibel ist deshalb das aussagekräftigste Buch über die Beziehungen des Menschen, das Sie überhaupt lesen können, denn hier spricht der Schöpfergott mit seinem Geschöpf.

Da die Bibel Gottes Wort an uns ist, sollten wir es mit der Bereitschaft lesen, so viel wie möglich davon zu erfassen. Wenn wir interessante Bücher lesen, unterstreichen wir wichtige Stellen. Warum sollten wir das nicht auch in der Bibel tun? Wenn Sie in der Heiligen Schrift lesen, werden Ihnen bestimmte Aussagen, Sätze und Gedanken plötzlich ins Auge fallen. Sie können davon ausgehen, dass in vielen Fällen diese Aussagen die Informationen sind, die Gott Ihnen gerade zukommen lassen will. Unterstreichen Sie diese Sätze ruhig, oder ziehen Sie einen Kreis darum, oder setzen Sie ein Sternchen dahinter! In jedem Fall werden Sie so immer wieder auf diese Stellen stoßen.

Schon viele Jahre habe ich es mir zur Gewohnheit gemacht, mich täglich zum Gespräch mit Gott zu treffen, indem ich die Bibel aufschlage und folgende Worte spreche: „Vater, auch heute wieder möchte ich deine Stimme hören. Ich bin einfach darauf angewiesen, dass du mir den Weg weist. Ich möchte wissen, was du mir heute zu sagen hast. Wenn ich jetzt dieses Kapitel lese, dann bitte ich dich, mir die Dinge verständlich zu machen, die ich erfahren soll." Dann lese ich das Kapitel leise oder laut mit einem Stift in der Hand und markiere die Stellen, die mir beim Lesen auffallen. Manchmal lese ich ein Kapitel ein zweites Mal, und dazu spreche ich folgendes Gebet: „Herr, ich bin mir nicht sicher, ob ich verstanden habe, was du mir sagen willst. Ich möchte den Text deshalb noch einmal lesen. Ich wünsche mir, dass du mir noch klarer zeigst, was du mir eigentlich sagen willst." Diesmal markiere ich vielleicht noch andere Passagen.

Habe ich das Kapitel zu Ende gelesen, rede ich mit Gott über die unterstrichenen Stellen. Denn wenn das die Botschaft Gottes an mich ist, möchte ich auch darüber reden. Viele lesen ihren Bibeltext, schlagen die Bibel zu und beginnen über etwas zu beten, was überhaupt nichts mit dem gelesenen Abschnitt zu tun hat. Etwas Unsinnigeres kann man kaum tun. Wir würden keinen Freund so behandeln. Stellt der Freund eine Frage, so geben wir ihm eine Antwort. Äußert sich ein Freund zu einem Thema, so nehmen wir dazu Stellung. Wenn Gott also durch die Schrift zu uns spricht, dann sollten auch wir dazu Stellung beziehen.

Nehmen wir ein Beispiel: Ich lese im Philipperbrief das 4. Kapitel, und im 4. Vers fällt mir ein Satz besonders auf: *„Freut euch im Herrn zu jeder Zeit! Noch einmal sage ich: Freut euch!"* Ich unterstreiche diese Sätze und markiere die Worte: *„... zu jeder Zeit"*. Danach wende ich mich an Gott und sage: „Herr, wie kann man das? Ich halte es für ausgeschlossen, sich *jederzeit* zu freuen. Manchmal – ja, aber immer?" Ich beschäftige mich mit dem, was Gott gerade zu mir geredet hat. Ich lese den Satz noch einmal: *„Freut euch im Herrn zu jeder Zeit! Noch einmal sage ich: Freut euch!"* Dabei entdecke ich den kleinen Zusatz: „... im Herrn", und damit hat Gott meine Frage schon beantwortet. Er will mir sagen, dass ich mich stets *am Herrn erfreuen soll.* Ich soll keineswegs Freude über *alle* Lebensumstände empfinden, auch wenn diese noch so widrig sind. Doch auch in schwierigsten Krisen kann ich mich *an dem Herrn erfreuen,* wenn meine Beziehung zu ihm heil ist. Ist das nicht eine große Ermutigung für jemanden, der durch reißende Wasser hindurchmuss?

Gott möchte jeden Tag ganz persönlich durch sein Wort zu uns reden. Und er wünscht sich auch, dass wir darauf reagieren und dazu Stellung beziehen. Ich möchte Ihnen deshalb an dieser Stelle ans Herz legen, damit anzufangen, jeden Tag ein Kapitel in der Bibel zu lesen, indem Sie wichtige Dinge unterstreichen und markieren, und dann mit Gott über alles zu reden, was Ihnen aufgefallen ist.

Der Jakobusbrief ist für den Anfang ein ausgezeichneter Abschnitt. Bevor Sie ein neues Buch anfangen, sollten Sie das vorige durchgelesen haben. So werden Sie im Laufe der Zeit an Gottes Hand eine richtige Wanderung durch die Bibel machen und durch Ihre Markierungen eine Spur hinterlassen. Diese können Sie dann immer wieder zurückverfolgen. Dabei werden Sie erleben, wie Ihre Beziehung zu Gott immer tiefer und fester wird. Denn nichts festigt eine Beziehung mehr als ein intensiver Gedankenaustausch.

Seien Sie bereit, auf Gottes Wort zu hören

Wer in der Schrift liest, wird immer wieder auf klare Gebote Gottes stoßen, wie z. B.: *„Seid gütig zueinander, seid barmherzig, vergebt einander, weil auch Gott euch durch Christus vergeben hat“* (Epheser 4,32). Solche Gebote sind in jedem Fall zu unserem Nutzen ausgesprochen worden. Gott, der uns schließlich in- und auswendig kennt, weiß ganz genau, was uns im Leben vorwärts bringt und was uns nützt. Jedes Gebot Gottes hat seinen tiefen Sinn für uns, und deshalb ist es auch so vernünftig, sich jedes zu Herzen zu nehmen.

Dabei müssen wir uns noch nicht einmal auf unsere eigene Kraft verlassen, denn wenn wir Christen sind, wohnt in uns der Heilige Geist, der uns mit der Kraft ausrüstet, den Geboten Gottes zu gehorchen. Wenn es Ihnen also unsäglich schwer fällt, denen zu vergeben, die gegen Sie gesündigt haben, dann dürfen Sie eins wissen: Hilfe ist nahe! Versuchen Sie nicht, aus eigener Kraft zu vergeben, sondern bitten Sie den Geist Gottes, Sie dazu zu befähigen. Vergebung ist im Grunde ein Versprechen, das wir geben. Es ist das Versprechen, dass wir einem Mitmenschen fortan nicht mehr sein Fehlverhalten vorwerfen. Vergebung bedeutet nicht, dass wir dieses Fehlverhalten aus unserem Bewusstsein tilgen. Doch wir werden uns so verhalten, als sei es kein Unrecht gewesen. Wir werden eine an uns begangene Sünde nicht wirklich *vergessen.* Aber wir sind durch Gottes Hilfe nicht mehr innerlich getrieben, sie dem anderen anrechnen zu müssen.

Was würde wohl geschehen, wenn Sie anfingen, täglich die Bibel zu lesen, auf Gottes Stimme zu hören und in der Kraft des Heiligen Geistes auf seine Gebote zu hören? Innerhalb weniger Monate würde sich Ihr Leben von Grund auf verändern, und Sie würden sich selbst wahrscheinlich kaum wieder erkennen.

Singen Sie dem Herrn

Musik ist die universelle Ausdrucksform menschlicher Gefühle. Wenn Sie Musikstücke aus ganz verschiedenen Kulturen dieser Welt hören, so können Sie doch immer sagen, ob sie Ausdruck von Freude, Trauer oder großer Spannung sind. Musik ist ein Kommunikationsmittel. Sie kann das Herz erfreuen oder aufs Gemüt schlagen. Der Text bestimmt, ob uns die Trauer übermannt oder ob wir auf der Straße des Sieges gehen. Überall in den Psalmen werden wir ermuntert, dem Herrn ein Loblied zu singen. Doch umgeben von Schmerz und Leid, werden Sie vielleicht fragen: „Wofür soll ich denn den Herrn preisen?" Wenn wir ernsthaft darüber nachdenken, werden uns immer noch genug Dinge einfallen, für die wir unseren Gott preisen können.

In dem oben erwähnten Psalm preist David Gott für all die Segnungen der Vergangenheit. Wenn wir anfangen, Gott für Vergangenes zu danken, fällt es uns auf einmal viel leichter, ihm auch dafür zu danken, dass er uns in Zukunft bewahren wird. Paulus schrieb den Ephesern: *„Lasst euch vom Geist erfüllen! Lasst in eurer Mitte Psalmen, Hymnen und Lieder erklingen, wie der Geist sie eingibt. Singt und jubelt aus vollem Herzen zum Lob des Herrn!"* (5,18-19). Dieser Jubel wird ein Produkt unserer Gottesbeziehung sein. Wenn der Geist Gottes in uns herrscht, werden wir zwar auch von unseren Sorgen und Nöten singen, aber unser Lied wird letztlich doch ein Lobgesang für unseren Gott werden. Wir werden ihm am Ende doch für all das danken können, was er in unserem Leben getan hat.

Unsere Gottesbeziehung wird nicht durch unsere gegenwärtigen Lebensumstände bestimmt. Vielmehr werden die Umstände uns immer weiter in die Arme Gottes treiben. Vielleicht sind Sie im Augenblick überhaupt nicht in der Stimmung zu singen. Möglicherweise haben Sie noch nie in Ihrem Leben gesungen. Doch als Christ haben Sie allen Grund, ein Lied anzustimmen – und wenn es nur bei Ihnen zu Hause in den eigenen vier Wänden ist. Auch Paulus sagt das. Das kann in der Badewanne sein oder bei der Hausarbeit. Den Text entnehmen Sie den Psalmen (die ja das Liederbuch der Juden waren), und über die Melodie müssen Sie sich auch keine großen Gedanken machen. Sie ist letztlich unwichtig. Wichtig ist nur, dass Sie Gott mit Worten preisen, die Menschen formuliert haben, die ebenfalls durch schwere Zeiten gegangen sind. Fangen Sie doch mit Psalm 77 an, den wir weiter vorne abgedruckt haben.

Suchen Sie den Kontakt zu anderen Christen

Haben Sie derzeit Kontakt zu einer Kirche oder Gemeinde? In der Zeit der Trennung ist es ganz besonders wichtig, dass Sie Gemeinschaft mit anderen Christen haben. Natürlich sind die Gemeinden keineswegs immer über jede Kritik erhaben. Wie oft hören wir die Klage: „In diese Gemeinde gehe ich bestimmt nicht. Dort treffe ich viel zu viele fromme Heuchler." Das stimmt möglicherweise sogar. In den meisten Gemeinden versammeln sich auch Heuchler und Sünder. Aber bedenken Sie bitte: Wir haben schließlich alle gesündigt, und wir alle sind zuweilen Heuchler. Der Kontakt zu einer Gemeinde bedeutet nicht, vollkommen zu sein und Vollkommenheit vorzufinden. Aber die Gemeinschaft dort dient uns dazu, im Glauben zu wachsen und als Mensch zu reifen.

In den meisten christlichen Kirchen und Gemeinden werden Sie ganz bestimmt freundliche Menschen finden, die Sie willkommen heißen und Ihnen zur Seite stehen werden. Wir sind nicht dazu bestimmt, allein zu leben. Es war Gott, der am Anfang sprach: *„Es ist nicht gut, dass der Mensch allein bleibt"* (1. Mose 2,18). Und der Psalmist schrieb: *„Gott bringt die Verlassenen heim"* (Psalm 68,7). Jetzt, da Sie von Ihrem Partner getrennt leben, brauchen Sie die Gemeinschaft der großen Familie Gottes dringender denn je.

Viele denken bei dem Wort „Kirche" immer nur an den Sonntagsgottesdienst. Aber der Gottesdienst ist schließlich nur ein Teil dessen, was wir Gemeinde nennen. Die Gemeinde ist die Gemeinschaft der „Herausgerufenen" (nach dem griechischen Wort ‚Ekklesía'). Das sind all die Menschen, die auf den Ruf des Herrn Jesus Christus geantwortet haben und nun zusammenkommen, um voneinander zu lernen und einander den Rücken zu stärken. Hausbibelkreise und Gebetsgruppen sind eine wichtige Voraussetzung für das Entstehen von Gemeinschaft in der Gemeinde. Achten Sie darauf, dass Sie sich nicht immer nur sonntags eine Predigt in der Gemeinde abholen! Gehen Sie auch zur Bibelstunde oder zu anderen Veranstaltungen der Gemeinde, wo Sie Antworten auf die Fragen bekommen, die Ihnen vielleicht auf den Nägeln brennen. Größere Gemeinden organisieren möglicherweise auch Selbsthilfegruppen für Alleinstehende oder getrennt Lebende. Und die meisten Pastoren werden zu persönlicher Seelsorge bereit sein.

Wenn Sie bislang Gemeindeveranstaltungen nicht regelmäßig besucht haben, dann sollten Sie am kommenden Sonntag damit anfangen. Suchen Sie sich eine Gruppe von Christen, mit denen Sie gemeinsame Interessen haben, mit denen Sie offen reden können und die Ihnen den Beistand bieten, den Sie jetzt so bitter nötig haben!

Doch Sie sollten sich nicht einer Gemeinde anschließen, um nur zu empfangen. Sie sollten auch die Bereitschaft haben, Ihre Fähigkeiten mit einzubringen. Sie fragen sich jetzt vielleicht: „Was habe ich schon anderen zu bieten? Ich werde ja noch nicht einmal mit meinen eigenen Problemen fertig.“ Tatsache ist, dass Sie mit einiger Wahrscheinlichkeit Menschen in der Gemeinde begegnen, die ähnliche Probleme haben wie Sie. Und dann können Sie anderen mit Ihren Erkenntnissen dienen, die Sie in Ihrer Beziehung zu Gott bereits gewonnen haben. Die Kontakte zu einer Gemeinde sollten niemals eine Einbahnstraße sein. In Hebräer 10 werden wir aufgerufen, *einander* zu ermahnen, zu trösten und zu ermutigen. (Vers 24) Und das wird in jeder christlichen Gemeinde geschehen, die halbwegs authentisch ist.

Ich zitierte ja bereits das Wort Jesu: *„Kommt alle zu mir, die ihr euch plagt und schwere Lasten zu tragen habt. Ich werde euch Ruhe verschaffen.“* Jesus sagt dann weiter: *„Nehmt mein Joch auf euch und lernt von mir; denn ich bin gütig und von Herzen demütig; so werdet ihr Ruhe finden für eure Seele. Denn mein Joch drückt* *nicht, und meine Last ist leicht"* (Matthäus 11,29-30). Jesus sagt nicht, dass es notwendig ist, unsere Last loszuwerden, um Frieden zu finden. Wir sollen vielmehr sein Joch auf uns nehmen. Und dieses Joch steht für den Einsatz, den wir bringen sollen. Wir sollen also nicht dasitzen und die Hände in den Schoß legen. Nein, wir sollen uns das Joch Christi auflegen, um mit ihm gemeinsam für den Sieg des Guten zu kämpfen. Jesus sagt: *„Mein Joch drückt nicht, und meine Last ist leicht."* Und welches Joch drückt? Das Joch, das wir allein und aus eigener Kraft tragen wollen. Wenn wir uns entscheiden, unsere eigenen Wege ohne Gott zu gehen, werden wir feststellen, wie schwer unser Joch ist, und es wird uns von Tag zu Tag schwerer vorkommen. Doch wenn wir mit Christus im Joch gehen, werden wir erleben, wie leicht es verhältnismäßig zu dem ist, das wir vorher allein mit uns herumgeschleppt haben. Sein Joch ist ein Arbeitsgerät, das immer einem guten Zweck dient. Es liegt ja tatsächlich ein gutes Stück Arbeit vor uns. Aber unser Einsatz wird sich lohnen!

Ich kenne viele getrennt lebende Menschen, die sich aktiv in ihrer Gemeinde engagieren und viele Stunden in der Woche in der Gemeindeverwaltung helfen, die Kapelle in Schuss halten oder den Kranken und Schwachen zur Seite stehen. Ihr eigenes Leid muss Sie nicht zwangsläufig so lähmen, dass Sie anderen nicht helfen könnten. Im Gegenteil: Ihr Leid macht Sie kompetenter, wenn es darum geht, anderen zur Seite zu stehen. Wer sich zurückzieht und nur noch über seine Probleme nachgrübelt, der findet sein Lebensglück nicht. Wirklich glücklich wird nur derjenige, der sein Leben in der Gemeinschaft mit Gott verbringt und es lernt, ihm zu dienen.

Übungen und Fragen, die weiterhelfen

1. Falls Sie es noch nicht getan haben, dann sollten Sie Gott jetzt darum bitten, Ihnen die Bereiche Ihrer Ehe zu zeigen, in denen Sie versagt haben.
2. Schreiben Sie alle Fehler auf, die Ihnen in den Sinn kommen, und bekennen Sie jeden einzelnen vor Gott. Danken Sie ihm, dass Christus die Strafe für diese Sünden schon bezahlt hat, und nehmen Sie seine Vergebung an!
3. Machen Sie es sich zur Gewohnheit, jeden Tag in der Bibel zu lesen und mit Gott über das gelesene Kapitel zu reden. Markieren Sie Wichtiges! Vielleicht sollten Sie mit dem Jakobusbrief im Neuen Testament anfangen.
4. Versuchen Sie es doch einmal mit einem Lied für den Herrn. Suchen Sie einen schönen Psalm aus, und erfinden Sie dazu eine eigene Melodie. Wie wäre es mit Psalm 1? Oder nehmen Sie das Gesangbuch Ihrer Gemeinde zur Hand und singen Sie Loblieder!
5. Wenn Sie noch nicht aktiv in einer Kirche oder Gemeinde mitarbeiten, dann sollten Sie noch heute den Entschluss fassen, auf jeden Fall am nächsten Sonntag eine Gemeinde Ihrer Wahl zu besuchen. Nehmen Sie aber auch an der Bibelstunde oder einem Hausbibelkreis teil, oder schließen Sie sich einer Gebetsgruppe an!

6. Geben Sie die Suche nicht auf, bis Sie eine warmherzige und liebevolle Gemeinschaft von Christen gefunden haben, mit denen Sie Ihr Leben teilen können.

5. Den Partner wieder entdecken

„Wie kann ich eine Beziehung entwickeln, wenn wir getrennt leben?“ Das ist eine durchaus berechtigte Frage. Peter und Jasmin leben schon drei Monate getrennt. Der einzige Kontakt, den sie seitdem hatten, war ein kurzes Gespräch beim Rechtsanwalt, um die Modalitäten der Scheidung zu besprechen. Peter und Jasmin hatten also kaum die Gelegenheit, miteinander Umgang zu pflegen. Kann es da noch Hoffnung für ihre Ehe geben? Solange keiner den ersten Schritt tut und das Schweigen bricht, solange beide eisern schweigen, gleicht ihre Ehe einem notgelandeten Flugzeug in der Wüste, dem die Ersatzteile fehlen.

Einer allein kann zwar schon das Schweigen brechen, aber zum Gespräch sind zwei vonnöten. Sind Sie bewusst einer Begegnung aus dem Weg gegangen? Sind Sie um keinen Preis bereit nachzugeben? Und erwarten Sie vom Partner, dass er den ersten Schritt tut? Was wollen Sie eigentlich erreichen? Worauf warten Sie? Sie sind zur Versöhnung aufgerufen (Matthäus 5,23-24). Vielleicht gelingt Ihnen die Versöhnung nicht. Aber Sie sollten es wenigstens versucht haben.

Manchmal hindert uns das Beharren darauf, dass der andere die Aufgabe hat, den ersten Schritt zu tun. Wir sagen uns: „Der andere hat doch die Schuld. Warum sollte ich klein beigeben? Er (oder sie) soll zu mir kommen und um Verzeihung bitten!“ Solche

Gedanken sind völlig normal, aber sie entsprechen nicht den biblischen Prinzipien. Jesus hat etwas anderes gesagt: „*Wenn du deine Opfergabe zum Altar bringst und dir dabei einfällt, dass dein Bruder etwas gegen dich hat, so lass deine Gabe dort vor dem Altar liegen; geh und versöhne dich zuerst mit deinem Bruder, dann komm und opfere deine Gabe*“ (Matthäus 5,23-24).

An anderer Stelle sagt Jesus noch: „*Wenn dein Bruder sündigt, dann geh zu ihm und weise ihn unter vier Augen zurecht. Hört er auf dich, so hast du deinen Bruder zurückgewonnen. Hört er aber nicht auf dich, dann nimm einen oder zwei Männer mit, denn jede Sache muss durch die Aussage von zwei oder drei Zeugen entschieden werden. Hört er auch auf sie nicht, dann sag es der Gemeinde. Hört er aber auch auf die Gemeinde nicht, dann sei er für dich wie ein Heide oder ein Zöllner*“ (Matthäus 18,15-17).

Wenn diese Prinzipien für die ganze Gemeinde gelten, dann gelten sie natürlich auch für das christliche Paar, das getrennt lebt. Diese Textabschnitte besagen, dass egal, ob Sie oder der Partner Schuld hat, bei Ihnen die Verantwortung liegt, die Versöhnung zu suchen. Was Ihre eigene Sünde betrifft, so müssen Sie sie Ihrem Partner bekennen und um Vergebung bitten. Hat Ihr Mann oder Ihre Frau gesündigt, so müssen Sie bereit zur Vergebung sein, sofern der andere darum bittet und bereit ist, sich eines Besseren zu besinnen.

Die Kunst, Schuld einzugestehen

In meiner langjährigen Seelsorgepraxis ist mir noch nie ein Paar begegnet, bei dem nur einer allein Schuld an der Misere hatte. Der eine ging vielleicht fremd und lebte egoistisch, so als wäre der andere Luft für ihn. Doch der Partner hatte in den meisten Fällen eine gewisse Mitschuld an dem Geschehen. Wir haben selten Schwierigkeiten, die Fehler unseres Partners auszumachen. Viel schwerer fällt es da, unsere eigenen Schwächen einzugestehen. Ich habe schon oft meinen Klienten ein Blatt Papier gereicht, um die Fehler ihres Partners aufzuschreiben. Und dann sind sie oft zehn bis fünfzehn Minuten beschäftigt, eine ellenlange Liste zu erstellen. Der eine oder andere hat sogar schon ein zweites Blatt Papier angefordert. Solche Listen sind beeindruckend und sehr detailliert.

Fordere ich dann aber auf, eine Liste der eigenen Fehler zu erstellen, dann wird meist bereitwillig die eine große Schwäche aufgeschrieben, die man sich eingesteht. Und dann wird lange darüber nachgedacht, welchen zweiten Punkt man denn noch nennen könnte. So mancher findet gar keinen. Und selten wird solch eine Liste mit mehr als vier Punkten abgegeben. Was sagt uns das? Ist also doch immer der Partner das eigentliche Problem? Kaum. Denn gerade die Tatsache, dass wir dem anderen so viel Schuld aufbürden, spricht dafür, dass eher wir das Problem sind. Wir selbst sehen uns allzu oft durch die rosarote Brille. Unsere eigenen Fehler erscheinen uns eher klein, weil wir so an sie gewöhnt sind. Wir leben mit ihnen schon viele Jahre. Und deshalb scheint das wahre Problem fast immer das Fehlverhalten des Partners zu sein.

Schon in Kapitel 4 haben wir über das folgende Wort Jesu gesprochen: *„Warum siehst du den Splitter im Auge deines Bruders, aber den Balken in deinem Auge bemerkst du nicht? Wie kannst du zu deinem Bruder sagen: Lass mich den Splitter aus deinem Auge herausziehen! – und dabei steckt in deinem Auge ein Balken? Du Heuchler! Zieh zuerst den Balken aus deinem Auge, dann kannst du versuchen, den Splitter aus dem Auge deines Bruders herauszuziehen"* (Matthäus 7,3-5). Beachten Sie, dass Jesus keinesfalls behauptet, Ihr Partner sei fehlerlos! Doch die Verbesserung Ihrer Beziehung fängt damit an, dass Sie den Balken im eigenen Auge entdecken. Sobald Sie Ihre eigenen Fehler erkannt und eingestanden haben, sind Sie viel besser in der Lage, Ihren Partner mit seinen Fehlern anzunehmen.

Wir versagen in zwei Bereichen in unserer Ehe. Erstens schaffen wir es nicht ausreichend, die Bedürfnisse unseres Lebensgefährten zu stillen, und zweitens tun und sagen wir Dinge, die darauf abzielen, den anderen zu verletzen. Es war sicher nicht unsere Absicht, so zu versagen. Wir haben immerhin früher einmal davon geträumt, den Partner über alle Maßen glücklich zu machen. Doch als dann unsere eigenen Bedürfnisse nicht gestillt wurden, zeigten wir dem anderen die kalte Schulter, und es stellte sich Feindseligkeit zwischen uns ein. Paulus beschreibt dieses Problem in Römer 7, wo er über sein eigenes Erleben berichtet: *„Denn ich begreife mein Handeln nicht: Ich tue nicht das, was ich will, sondern das, was* *ich hasse*" (Vers 15). Und dann nennt er den Grund für dieses Verhalten: Wir gestatten unserer alten, sündigen und egoistischen Natur, unser Verhalten zu bestimmen. Unsere einzige Hoffnung auf eine Veränderung ist, dass wir unserem Herrn Jesus Christus gestatten, die Herrschaft in unserem Leben zu übernehmen. Er allein kann uns die Kraft verleihen, das zu tun, was wir als richtig erkannt haben.

Der erste Schritt auf dem Weg zur Besserung ist das Bekenntnis unserem Partner gegenüber. Doch eine Warnung muss ich hier aussprechen: Geben Sie sich nicht selbst die ganze Schuld für das Scheitern Ihrer Ehe. Nicht nur Sie haben versagt! Deshalb möchte ich Ihnen den Vorschlag machen, Gott zu bitten, Ihnen Ihre eigenen Fehler bewusst zu machen, um sie dann alle auf einem Blatt Papier zu notieren. Seien Sie so konkret wie möglich. Nachdem Sie Gott um Vergebung gebeten haben, bitten Sie um den Mut, die Liste Ihrem Partner zu zeigen.

Eingestandene Fehler und die Bitte um Vergebung sind keine Garantie für die Wiederherstellung Ihrer Ehe, aber Sie bekommen dadurch ein reines Gewissen (Apostelgeschichte 24,16). Sie werden Ihre Schuld nicht los, solange Sie nicht *Ihren* Anteil am Scheitern der Ehe eingestanden haben. Es ist offen, ob Ihr Partner Ihnen vergibt. Man kann vorher nicht sagen, ob er zur Versöhnung bereit ist. Doch wenn Sie um Vergebung gebeten haben, haben Sie alles getan, um eine Kurskorrektur einzuleiten. Sie können die Vergangenheit nicht ungeschehen machen, aber Sie können Sie bekennen.

Was aber ist nun mit der Sünde Ihres Partners? Eine

echte Versöhnung kann es nicht geben, sofern auch er nicht bereit ist, seine Fehler einzugestehen und sein Verhalten zu überdenken. Das aber kann der eine nicht für den anderen tun. Ihr Ehepartner muss selbst bereit sein, sein Fehlverhalten abzustellen und sich Ihnen wieder ganz zuzuwenden. Wenn er sich jedoch zu einem Bekenntnis und zur Umkehr durchringt, müssen Sie auch bereit sein, zu vergeben und ihn aufzunehmen. Aber selbst wenn das alles nicht von heute auf morgen geschieht, sollten Sie bereit sein, geduldig zu warten, zu beten und zu lieben – trotz aller Distanz zwischen Ihnen.

Die Macht des Gebetes

Ihr Gebet sollte nicht lauten: „Herr, wenn es dein Wille ist, dann bring ihn/sie mir wieder zurück." Es ist schließlich kein Geheimnis, dass Gott alle zerrütteten Ehen wiederhergestellt wissen möchte. Trotzdem respektiert Gott unsere Entscheidungsfreiheit. Was sollten Sie dann aber beten?

Jesus sagte über den Heiligen Geist: *„Und wenn er kommt, wird er die Welt überführen (und aufdecken), was Sünde, Gerechtigkeit und Gericht ist"* (Johannes 16,8). Ich denke, dass Sie um das konkrete Wirken des Heiligen Geistes im Leben Ihres Partners bitten sollten. Sie sollten Gott bitten, ein Schuldbewusstsein bei Ihrem Mann oder Ihrer Frau zu wecken. Ein solches Gebet entspricht den Prinzipien, nach denen der Heilige Geist unter uns wirkt. Deshalb wird er dieses Gebet auch erhören können.

Wie wird Ihr Partner darauf reagieren? Möglicherweise wird er auf die Initiative des Heiligen Geistes eingehen und nicht mehr gegen Sie sündigen. Es könnte aber auch sein, dass er sich dem Drängen Gottes widersetzt und seinen eigenen Weg geht. Sie müssen letztlich Ihrem Partner die gleiche Freiheit einräumen, die Gott ihm gewährt.

Es gibt Menschen, die geben Gott die Schuld dafür, dass ihre Ehe scheitert. Glauben Sie aber nicht, dass Gott Ihr Gebet nicht erhört hat, wenn der Partner nicht zu Ihnen zurückkommen will. Jeder Einzelne von uns entscheidet sich, ob er heiraten will, wie er mit anderen Menschen umgeht und ob er bei Eheproblemen resigniert. Wenn Gott uns diese Freiheit nicht gewähren würde, würde er dem Menschen seine Stellung als sein Ebenbild nehmen.

Wichtig ist, dass Sie nicht vorzeitig das Handtuch werfen. Es braucht oft Zeit, bis Menschen auf die Hilfestellungen Gottes eingehen. Beten Sie anhaltend für Ihren Partner – bis Gottes Handeln in seinem Leben Wirkung zeigt!

Wir lernen zu lieben

Wir haben unser Versagen bekannt, haben um Vergebung gebeten und die Versöhnung gesucht. Doch was tun wir nun, wenn wir nur noch warten können? Versuchen Sie es mit der Liebe! Den Partner zu lieben, obwohl man sich entfremdet hat, ist kein leichtes Unterfangen. Aber wenn man es schafft, ist der Lohn gewaltig. Der eine oder andere wird sich vielleicht darüber entrüsten, dass er ausgerechnet jetzt in dieser Situation lieben soll.

Unsere Gesellschaft hat Liebe als etwas definiert, was über uns kommt und nicht unserem freien Willen unterworfen ist. So sagen wir – und meinen es ganz ernst: „Ich liebe ihn/sie nicht mehr. Ich würde ja gern, aber es ist einfach zu viel passiert." Wer das sagt, geht davon aus, dass Liebe ein Gefühl ist. Er glaubt, die Liebe sei der heftige Gefühlsüberschwang, den wir in Gegenwart eines Vertreters des anderen Geschlechts zuweilen empfinden. Entweder ist sie da, oder sie verfliegt im nächsten Augenblick. Wenn sie weg ist, ist sie eben weg. Dann muss man sich einfach trennen und hoffen, dass einem irgendwann und irgendwo ein neuer Partner über den Weg läuft.

Diese Vorstellung von Liebe trägt in unserer Generation maßgeblich dazu bei, dass die Scheidungsraten so dramatisch steigen. Wenn sich das Gefühl Liebe nicht mehr einstellen will, wird die Ehe zu einem Nebeneinander ohne Hoffnung, das in vielen Fällen mit der Scheidung endet. Da wir keine Verfügungsgewalt über unsere Emotionen haben, werden wir zum Spielball der unterschiedlichsten Kräfte. Der Mensch ist plötzlich nicht mehr verantwortlich für sein Tun. Eine bestimmte Verhaltensweise ist dann korrekt, „wenn man einfach nur zu seinen Gefühlen steht". Es gibt grundsätzlich nichts Richtiges und nichts Falsches mehr. Der Mensch tut, wonach ihm gerade der Sinn steht. Solch eine Lebenseinstellung macht den Menschen zum willenlosen Wesen, das dem Spiel unbekannter Schicksalsmächte ausgeliefert ist.

Die biblische Vorstellung von der Liebe sieht anders aus: Die Liebe entspringt einem Willensakt. Sie ist kein Gefühl, sondern eine Gesinnung und Denkart. Ihr liegt die Einstellung zugrunde: „Dein Wohlergehen hat oberste Priorität in meinem Leben." Und diese Einstellung zieht ein ganz bestimmtes Verhalten nach sich. Denken und Handeln sind immer eins.

Die Liebe ist ein Produkt unseres Willens. Wir können uns dafür entscheiden. So können Sie Ihren Partner auch gegen Ihre Gefühle lieben. Sie können sich getäuscht, verletzt, zurückgestoßen und einsam fühlen und trotzdem die Entscheidung treffen, Ihren Partner zu lieben. Wir brauchen uns nicht von unseren Gefühlen versklaven zu lassen! Das ist eine der befreiendsten Wahrheiten, die wir in der Bibel finden. Es ist zunächst einmal völlig normal, negative Gefühle zu entwickeln, wenn der Partner gemein zu einem ist. Es passt aber nicht zu einem Christen, wenn er zulässt, dass diese Gefühle sein Denken und Handeln beherrschen.

Jesus hat es uns vorgelebt: Er liebte sogar jene, die ihn gerade kreuzigten. Er betete am Kreuz: *„Vater, vergib ihnen, denn sie wissen nicht, was sie tun"* (Lukas 23,34). Aber nicht nur er kann uns als Vorbild dienen. In meinen Akten habe ich Berichte von vielen Ehepaaren, die den Königsweg der Liebe trotz Hass und Abneigung gegangen sind. Ich rate keineswegs dazu, negative Gefühle nicht wahrhaben zu wollen. Man muss sich zunächst dazu stellen – vor sich selbst, vor Gott und vor dem Partner. Wir nehmen unsere Gefühle bewusst wahr, aber wir dienen ihnen nicht.

So sagte z. B. ein Mann zu seiner Frau, die ihm untreu geworden war: „Ich bin wütend, verletzt, enttäuscht und am Boden zerstört. Einmal möchte ich mich am liebsten umbringen, und im nächsten Augenblick wäre mir danach, dich zu ohrfeigen. Doch mit Gottes Hilfe ist mir bewusst geworden, dass es noch einen besseren Weg gibt. Mir ist klar geworden, dass auch ich dir gegenüber viele Fehler gemacht habe. Gestern Abend habe ich einige meiner Fehler auf ein Blatt Papier geschrieben. Ich möchte mit dir darüber sprechen und dich um Vergebung bitten. Wenn du bereit bist, möchte ich mit dir zusammen nach Lösungen für unsere Probleme suchen." Dieser Mann hat seine Gefühle nicht verleugnet. Doch er entschloss sich ganz bewusst, neue Wege zu gehen.

Wir haben ja bereits gesagt, dass die Liebe eine Einstellung ist, die das Wohl des anderen nicht aus den Augen verliert. Die Liebe sagt: „Ich möchte alles, was in meiner Macht steht, tun, damit sich mein Ehepartner optimal entfalten und entwickeln kann. Ich möchte alle seine Bedürfnisse stillen, sofern ich dazu in der Lage bin. Ich möchte meinem Partner in allen Lebenslagen beistehen. Ich möchte dazu beitragen, dass er das Beste aus seinem Leben macht – so, wie Gott es geplant hat."

Die Merkmale wahrer Liebe werden in 1. Korinther 13 genannt: *„Die Liebe ist langmütig, die Liebe ist gütig. Sie ereifert sich nicht, sie prahlt nicht, sie bläht sich nicht auf. Sie handelt nicht ungehörig, sucht nicht ihren Vorteil, lässt sich nicht zum Zorn reizen, trägt das Böse nicht nach. Sie freut sich nicht über das Unrecht, sondern freut sich an der Wahrheit. Sie erträgt alles, glaubt alles, hofft alles, hält allem stand"* (Verse 4-7).

Die Liebe, wie sie in der Bibel beschrieben wird, stellt sich nicht von allein ein. Von Natur aus werden wir unseren Mann oder unsere Frau nicht lieben, wenn wir nicht auch geliebt werden. Doch Jesus hat gesagt: *„Euch, die ihr mir zuhört, sage ich: Liebt eure Feinde; tut denen Gutes, die euch hassen. Segnet die, die euch verfluchen; betet für die, die euch misshandeln"* (Lukas 6,27-28). Ist Ihr Mann Ihr Feind? Hasst Ihre Frau Sie? Dann lautet Jesu Gebot, sie bzw. ihn zu lieben! Solch ein Gebot wäre unerfüllbar, wenn die Liebe eine Gefühlsregung wäre. Beachten Sie einmal, wie Jesus die Liebe umschreibt: *Tut Gutes, segnet und betet für die Feinde.* Das sind Anweisungen zum Handeln. Es ist nicht die Beschreibung von Gefühlen. Liebe drückt sich im konkreten Handeln aus. Die emotionale Seite der Liebe stellt sich ganz nebenbei und ohne unser Zutun ein, wenn wir uns ganz auf die tätige Liebe konzentrieren.

Wie können Sie Ihren Partner lieben, wenn er Ihnen keinerlei Liebe entgegenbringt? Sie schaffen das nur mit göttlichem Beistand! In Römer 5,5 lesen wir: *„Denn die Liebe Gottes ist ausgegossen in unsere Herzen durch den Heiligen Geist, der uns gegeben ist."* Hilfe kommt also zuallererst von Gott selbst. Wenn Sie Christ sind, dann hat Gott Ihnen seinen Geist als ständigen Begleiter geschickt. Und dieser Heilige Geist möchte unser Leben von Liebe erfüllt wissen. Wenn Sie sich selbst als Kanal der Liebe Gottes zu Ihrem Partner sehen, dann haben Sie begriffen, was die Bibel meint. Gott möchte, dass Ihr Partner seine Liebe und Fürsorge spürt. Und Sie können der Mittler dieser Liebe Gottes werden. Zuerst müssen Sie allerdings selbst Gottes Vergebung annehmen und seinen Geist einladen, Ihr Leben mit Liebe zu füllen.

Jetzt, da Sie getrennt leben, sind die Möglichkeiten, Ihren Partner zu lieben, natürlich eingeschränkter als früher. Doch es gibt immer noch genug Gelegenheiten! Im nächsten Kapitel wollen wir uns fragen, welche das sind. Doch zunächst sollten Sie sich mit den folgenden Übungen und Fragen beschäftigen!

Übungen und Fragen, die weiterhelfen

1. Bitten Sie Gott, Ihnen dabei zu helfen, eine Liste all Ihrer Fehler und Schwächen zu erstellen, die Ihrem Partner zu schaffen machen!
2. Bekennen Sie diese Fehler und Schwächen vor Gott, sofern Sie das noch nicht getan haben, und nehmen Sie seine Vergebung an!
3. Bitten Sie Gott, Sie mit seiner Liebe zu füllen (Römer 5,5), und seien Sie bereit, der Überbringer und Mittler seiner Liebe zu werden!
4. Arrangieren Sie ein Treffen mit Ihrem Partner! Sprechen Sie dann über Ihre Liste, und bitten Sie bei Ihrem Mann oder Ihrer Frau um Vergebung. Sagen Sie, dass Sie die Chance bekommen möchten, an sich zu arbeiten, damit eine Versöhnung möglich wird. Verlangen Sie allerdings nicht, dass der andere sofort antwortet.
5. Während Sie auf eine Antwort des Partners warten, sollten Sie Gott darum bitten, ihm zu zeigen, wo er gesündigt hat.
6. Lesen Sie Kapitel 6, um konkrete Anregungen zu bekommen, wie man auch in der Zeit der Tren-

nung seine Liebe „an den Mann“ oder „an die Frau“ bringt.

6. Liebe auf Distanz

Ihr Mann oder Ihre Frau kommt jetzt nicht mehr abends nach Hause. Wenn Sie Ihre Wohnung betreten, ist niemand da, um Sie zu begrüßen. Wenn Sie Ihre Liebe zeigen wollen, dann geht das meist nur auf Distanz und sporadisch. Manche getrennt lebenden Paare haben noch verhältnismäßig viel Kontakt, wogegen andere sich kaum oder überhaupt nicht mehr sehen. Es hat keinen Sinn, Ihre Situation zu beklagen. Das ist im Augenblick Ihr Leben, und Sie müssen versuchen, das Beste daraus zu machen. Ich möchte mich an das Schema in 1. Korinther 13 halten und anhand der dort gewählten Begriffe zeigen, was Sie im Augenblick tun können, um Ihre Liebe zum Ausdruck zu bringen.

Geduld

„Die Liebe ist langmütig" (Vers 4). Überstürzen Sie nichts. Ihre Ehe wird nicht über Nacht unrettbar verloren sein. Und Sie werden es auch nicht an einem Tag schaffen, alle Risse wieder zu kitten. Setzen Sie sich und Ihrem Partner keine festen Termine: „Wenn du am Ersten des nächsten Monats nicht wieder zu Hause bist, kannst du die ganze Sache vergessen." Das ist kein Ausdruck von Liebe. Wenn Sie Termine setzen, dann versuchen Sie, den anderen zu beherrschen. Sie sagen ihm, was er zu tun hat. Vielleicht gehört ja diese Neigung bei Ihnen zu den

Gründen dafür, dass Sie im Augenblick getrennt leben! Niemand möchte unter Druck gesetzt werden. Am wohlsten fühlen wir uns, wenn wir uns frei entscheiden können. Möchten Sie denn wirklich, dass der andere aufgrund einer Drohung zu Ihnen zurückkehrt? Sie möchten doch, dass er aus freien Stücken heimkommt. Lassen Sie ihm also Zeit. Nennen Sie Ihre Wünsche. Dann aber halten Sie sich am besten zurück, und lassen Sie ihm (oder ihr) die Entscheidung.

Finden Sie sich mit der Unentschlossenheit des Partners ab. In der Zeit der Trennung ist es ganz natürlich, wenn sich Menschen hin- und hergerissen fühlen. Es bleibt einerseits fast immer der Wunsch bestehen, seine alten Träume doch noch erfüllt zu bekommen. Und dazu braucht man die Versöhnung. Andererseits sind da die Verletzungen und Kränkungen einer zerrütteten Ehe, die vor einer Annäherung zurückschrecken lassen. Vielleicht ist auch bereits eine andere Person im Spiel, von der der andere sich angezogen fühlt. Da äußert man sich schnell heute so und morgen schon wieder ganz anders. Der andere will ja gar nicht lügen. Er äußert nur das, was er im Augenblick gerade fühlt. Es ist nur zu hoffen, dass keine wichtigen Entscheidungen eine solche schwankende Gefühlslage zur Basis haben. Deshalb ist Geduld jetzt so wichtig. Noch wichtiger ist aber das Signal, dass man den anderen versteht: „Ich kann nachvollziehen, dass du im Augenblick so hin- und hergerissen bist. Mir geht es zuweilen nicht anders.“

Güte

„Die Liebe ist gütig" (Vers 4). Güte ist Freundlichkeit und Wohlwollen. Was also könnten Sie tun und sagen, um dem anderen das Gefühl zu geben, Sie wollten sein Wohlergehen? Wenn Sie der Mann sind, der die Familie verlassen hat, dann können Sie noch immer tausend Dinge in Haus und Garten tun, sofern Ihre Frau damit einverstanden ist. Aber auch wenn Ihre Frau Sie verlassen hat, gibt es sicher noch genug Gelegenheiten, ihr Gutes zu erweisen und ihr Leben angenehmer zu machen. Ziehen Sie sich nicht zurück, weil sie ausgezogen ist. Sie können immer noch der Mittler von Gottes Liebe für sie sein. Wenn *Sie* es nicht sind, der ihr Gutes tut, dann wird es bald ein anderer sein, und Sie haben vielleicht Ihre letzte Chance verpasst.

„Die Liebe baut auf" (1. Korinther 8,1). Was können Sie tun, um Ihren Partner aufzubauen? Die einfachste Methode ist, mit ihm freundlich zu reden. Sagen Sie etwas, was aufbaut und nicht niederreißt. Das meiste, was wir uns in der Zeit der Trennung an den Kopf werfen, ist niederschmetternd. Wir lassen unseren feindseligen Gefühlen freien Lauf und heben mit unseren spitzen Bemerkungen immer nur die Fehler des anderen hervor. Doch der Weg zur Versöhnung ist gepflastert mit freundlichen Worten. Sie beide kämpfen um Ihr Selbstwertgefühl. Sie beide fühlen sich schlecht wegen der eingetretenen Lage. Sie beide haben ein schlechtes Gewissen, weil Sie glauben, versagt zu haben. Da kann es doch nicht schaden, Ihren Partner aufzubauen, indem Sie ihm ein paar Komplimente machen und

ihm mal sagen, was Sie trotz allem noch gut an ihm finden.

Vor einiger Zeit las ich die Geschichte von einer Frau, die einen Eheberater aufsuchte und ihm anvertraute, sich scheiden lassen zu wollen. „Ich möchte ihn so hart wie möglich bestrafen“, sagte sie. „Haben Sie eine Idee, was ich tun könnte?“

Der Seelsorger erwiderte: „Überhäufen Sie ihn mit Komplimenten. Wenn er dann glaubt, Sie würden ihn von ganzem Herzen lieben, leiten Sie die Scheidung ein. So werden Sie ihn sicher hart strafen.“

Nach zwei Monaten kam die Frau wieder und berichtete, dass sie seinem Rat gefolgt sei.

„Fein“, sagte der Seelsorger. „Dann ist es jetzt Zeit, die Scheidung einzureichen.“

„Scheidung?“, rief die Frau erbost. „Niemals! Ich habe mich in diesen blöden Kerl verliebt!“

Was war geschehen? Sie hatte ihren Mann mit Komplimenten überhäuft, und das war für ihn ein Ausdruck von Zuneigung. Er fühlte sich immer mehr geliebt, und so begann auch er mit Liebesbeweisen.

Zuneigung kann wieder erweckt werden! Aber der erste Schritt sind bewusst eingesetzte Worte und Taten. Viele Paare wollen eine Trennung, weil sie glauben, dadurch wieder mit ihren Gefühlen ins Reine zu kommen. Sie wollen sehen, ob durch die Trennung nicht doch wieder die alte Zuneigung entstehen kann. Das ist aber ein Trugschluss. Positiven Gefühlen muss eine positive Einstellung vorausgehen, und das Verhalten muss diese Einstellung untermauern. Der Abstand allein wird keine positiven Gefühle wecken.

Was könnten Sie heute Ihrem Partner Nettes sagen? Welche nette Geste könnte ihm Ihre Zuneigung zeigen? Wie wäre es mit einem Anruf, durch den Sie ihm Ihr Interesse an seinem Wohlergehen bekunden? Das sollte nicht gleich zur Routine werden – es sei denn, der Partner wünscht es sich. Doch ein Anruf hin und wieder kann durchaus ein Liebesbeweis sein. Möglicherweise sagt der andere: „Ruf mich nicht mehr an." Doch insgeheim wartet er dann doch auf einen Anruf. Sie sollten einander nicht auf den Wecker gehen. Aber ein gelegentlicher Anruf, um sich zu erkundigen, wie es dem anderen geht, wird wohl kaum lästig sein und als ein Zeichen von Zuneigung verstanden werden. Wer Liebe zeigt, tut einen gewaltigen Schritt vorwärts in die richtige Richtung.

Seien Sie nicht neidisch

„Die Liebe neidet nicht" (Vers 4). Jeder der getrennt lebenden Partner glaubt, der andere habe das bessere Los gezogen. Die Frau, die die Kinder behalten hat, wird sich darüber beklagen, dass der Mann seiner Wege gehen kann, während sie zu Hause sitzen muss, um auf die Kinder aufzupassen. Der Mann wird sich beklagen, dass er bei den hohen Unterhaltszahlungen kaum etwas zum Leben behält. Von einem flotten Lebensstil könne schon gar keine Rede sein.

Der Neid ist Motor für so manchen Racheakt: Die Frau geht fremd, weil ihr Mann eine Affäre hat. Oder der Mann macht sich endgültig aus dem Staub und überlässt die Kinder ganz und gar der Frau. Ihm geht es nur noch darum, Spaß im Leben zu haben. Tatsache aber ist, dass keiner nur Vorteile aus der Trennung zieht. Und für keinen ist das Leben nun ideal. Zusätzlichen Stress gibt es für beide. Viele Lebensbereiche sind noch nicht wieder geregelt. Die Finanzen, die Organisierung des täglichen Lebens, die Einsamkeit und die Sinnfrage – all das muss neu bedacht und geregelt werden. Es ist nicht „normal", wie Sie im Augenblick leben. Ein Paar hat sich nicht gefunden, um getrennte Wege zu gehen. Natürlich wäre die enge Lebensgemeinschaft in der Familie. Sie dienen Ihren ureigensten Interessen am ehesten dadurch, dass Sie Ihre Differenzen aufarbeiten und wieder zur Einheit in der Ehe finden. Beneiden Sie Ihren Partner nicht, so wie er gerade lebt. Beten Sie lieber für ihn, und tun Sie alles, damit die beiden Hälften wieder ein Ganzes ergeben und nicht mehr leiden.

Seien Sie nicht selbstgerecht

„Die Liebe prahlt nicht, sie bläht sich nicht auf" (Vers 4). Es fällt uns immer ziemlich leicht, in der Rückschau unsere eigenen Beiträge zum Gelingen der Ehe in den Vordergrund zu stellen und unser Fehlverhalten zu übersehen. „Ich habe immer zu dir gehalten. Ich habe dir das Essen gekocht, deine Hemden gewaschen und deine Kinder versorgt. Und was habe ich nun davon? Du kannst nicht behaupten, ich hätte nicht alles versucht. Ich habe gebettelt, dass du mehr Zeit mit mir verbringst. Ich war bereit, überall mitzugehen ... Ich ... Ich ... Ich ..." Wer so redet, sagt vielleicht die Wahrheit, aber es spricht keine Liebe aus ihm.

Ihre Lebensbilanz spricht für sich selbst. Sie müssen mit Ihren Großtaten nicht prahlen. Ihre Freunde kennen Sie. Ihre Kinder kennen Sie. Sie kennen sich selbst. Und Gott kennt Sie in- und auswendig. Auch Ihr Partner kennt Sie, obwohl er möglicherweise im Augenblick eher Ihre schlechten Seiten hervorheben wird. Die Liebe prahlt nicht mit der eigenen Großartigkeit.

Seien Sie höflich und zuvorkommend

„Die Liebe handelt nicht ungehörig“ (Vers 5). Sie sind keinesfalls gezwungen, ungehörig miteinander umzugehen, nur weil Sie getrennt leben. Wenden wir das Gemeinte ins Positive, so passt das Wort „höflich“ recht gut. „Höflich“ heißt, sich wie bei Hofe zu benehmen. Behandeln Sie Ihren Partner mit Ehrerbietung und Respekt! Ein bisschen Etikette hat noch niemandem geschadet. Der andere hat sich von Ihnen entfernt, und Sie versuchen, wieder seine Zuneigung zu gewinnen. Wissen Sie noch, wie Sie vor der Hochzeit mit der geliebten Person umgegangen sind? Wenn Sie damals höflich und zuvorkommend waren, dann tun Sie das Gleiche doch noch einmal.

Sie sind keineswegs gezwungen, bei jeder Zusammenkunft laut und ausfallend zu werden. *„Eine sanfte Antwort dämpft die Erregung, eine kränkende Rede reizt zum Zorn“* (Sprüche 15,1). Natürlich müssen gewisse Dinge auch kontrovers ausdiskutiert werden, doch dabei muss es nicht zu verbalen Entgleisungen kommen. Mir ist klar, dass Sie immer wieder auch wütend werden, doch wir sind aufgerufen, in unserem Zorn nicht zu sündigen (Epheser 4,26). Ein paar praktische Hinweise, wie man inmitten eines Konflikts gesprächsbereit bleiben kann, finden Sie im Kapitel über Kommunikation in meinem Buch *Weil unsere Liebe wachsen soll* (erschienen im Verlag der Francke-Buchhandlung, Marburg).

Wenn Ihr Partner offen dafür ist, könnten Sie sich ab und zu „verabreden" wie in alten Zeiten. Sie müssen doch gar nicht immer nur Probleme wälzen! Unternehmen Sie etwas, was Ihnen beiden Spaß macht! Seien Sie dann besonders höflich und zuvorkommend. Überlegen Sie sich, welche netten Gesten und Freundlichkeiten Ihrem Partner immer besonders gefallen haben. Die Wünsche des anderen sollten in solchen Augenblicken Vorrang haben. Entdecken Sie in diesen Stunden all die positiven Dinge neu, die Ihr Partner in die Ehe eingebracht hat.

Seien Sie nicht egoistisch

„Die Liebe sucht nicht ihren Vorteil" (Vers 5). Die Liebe setzt sich nicht immer nur für die eigenen Interessen ein. Die meisten von uns haben doch, als sie heirateten, zuallererst daran gedacht, was ihnen die Ehe einbringen würde. Wir haben in erster Linie von unserem eigenen Lebensglück geträumt und uns ausgemalt, was der andere alles für uns tun würde. Sicher, auch der andere sollte glücklich werden. Doch wichtiger war uns, was die Ehe uns selbst bringen würde.

Nach der Hochzeit wurde uns dann bald klar, dass der andere gar nicht immer nur an unser Glück dachte. Er hat gar nicht immer nur unsere Bedürfnisse gestillt. Zunehmend wurden wir vereinnahmt und dazu benutzt, mit unseren Kräften für das Glück des anderen zu sorgen. Wir fühlten uns betrogen und ausgenutzt. Wir begannen, für unsere Rechte zu kämpfen. Wir forderten gewisse Leistungen des Partners ein, oder wir resignierten und suchten das Glück woanders.

Zufriedenheit im Leben ist ein einzigartiges Gut. Wer ihr nachjagt, findet sie garantiert nicht. Sie können in den letzten Winkeln dieser Welt danach suchen, Sie werden das Glück dennoch nicht finden – so hoch der Preis auch sein mag, den Sie dafür zu zahlen bereit sind. Schon so viele einsame Glücksjäger haben kleinlaut zugeben müssen, dass ihr Bemühen umsonst war. Wahres Glück stellt sich als Nebenprodukt ein, wenn wir jemand anders glücklich machen. Steht nicht schon in der Bibel: *„Geben ist seliger als nehmen“* (Apostelgeschichte 20,35)?

Wie können Sie zum Glück Ihres Partners beitragen? Jetzt wenden Sie vielleicht freimütig ein: „Ich will aber gar nicht, dass er glücklich wird! Ich möchte erst einmal selbst glücklich werden!“ Das ist ein Einwand, den man menschlich gesehen zunächst einmal gelten lassen muss. Aber wie wollen Sie dieses Glück finden? Wir haben doch inzwischen erkannt: Wir müssen jemand anders glücklich machen, um selbst froh zu werden. Warum sollten wir uns dafür nicht unseren Partner aussuchen? Fragen Sie ihn doch einfach, was ihn glücklich machen würde, was sein größtes Verlangen ist. Haben Sie ein offenes Ohr, und fragen Sie: „Was kann ich für dich tun?“

Möglicherweise wird Ihr Partner im Augenblick nicht darauf eingehen. Aber Ihre eigene Position hat sich verbessert, nur weil Sie es versucht haben. Sie sind ein gutes Stück weiter auf dem Weg zu Ihrem eigenen Glück gekommen, als hätten Sie nur geschmollt und die helfende Hand zurückgehalten.

Lassen Sie Vergangenes ruhen

„Die Liebe trägt das Böse nicht nach“ (Vers 5). Ich weiß gar nicht mehr, wie viele Stunden ich in meinem Büro damit zugebracht habe, Paaren zuzuhören, die nicht aufhörten, sich vergangene Sünden an den Kopf zu werfen. Manche schaffen es gar, minutiös Ereignisse zu rekonstruieren, die 15 Jahre zurückliegen. Und jedes Mal, wenn solch ein Ereignis abgespult wird, kommen auch wieder all die damit verbundenen Gefühle hoch. Man hat den Eindruck, es sei alles gerade gestern passiert. Ich frage Sie, wem das nützt. Wenn man einmal mit einem Seelsorger darüber redet, dann ist das in Ordnung. Aber vergangenes Unrecht in Gedanken immer wieder durchzuspielen, das schadet mehr, als dass es nützt. Es ist zerstörerisch.

Hat nicht jeder von uns irgendwo schmutzige Wäsche versteckt, die unser Partner finden und mit der er uns beschämen könnte? Ja, wir alle haben unsere Schwächen, und wir machen uns ständig schuldig. Aber die frohe Botschaft der Bibel lautet ja, dass es Vergebung gibt. Christus ist für unsere Sünden gestorben, damit wir nicht mehr verurteilt werden können. *„Jetzt gibt es keine Verurteilung mehr für die, welche in Christus Jesus sind“* (Römer 8,1).

Folgen wir dem Beispiel Gottes beim Umgang mit unserem Partner! Ja, man hat uns Unrecht angetan, aber wir haben auch die Kraft zu vergeben. Wenn Ihr Mann oder Ihre Frau die Fehler bekennt und um Vergebung bittet, dann dürfen Sie das Vergangene niemals wieder hervorholen. Entscheidend ist, wie Sie heute miteinander umgehen, und nicht, was Sie früher getan haben.

Vertrauen

„Die Liebe glaubt alles" (Vers 7). „Kann ich ihm jemals wieder glauben?", fragt eine Frau. „Wie kann ich es lernen, ihr wieder zu vertrauen, nach all dem, was geschehen ist?", fragt ein Mann. Das gegenseitige Vertrauen ist ein grundlegender Bestandteil der ehelichen Einheit. Wenn wir unserem Partner vertrauen, dann glauben wir an seine prinzipielle Rechtschaffenheit. Wir vertrauen auf den Wahrheitsgehalt seiner Worte. Wir haben keinen Anlass zum Zweifel. Doch sobald jemand unser Vertrauen missbraucht, ist seine Glaubwürdigkeit dahin. Passiert das öfter, ist bald die letzte Bereitschaft, dem anderen zu trauen, aufgebraucht.

Kann Vertrauen wieder erweckt werden? Ja, wenn wir merken, dass der andere innerlich heil geworden ist. Voraussetzung dafür ist das Bekenntnis und die Vergebung durch Gott. Wer die Vergebung angenommen hat, der kann auch heil werden. Das ist zunächst ein Samenkorn, das in die Erde gelegt wird. Bis wir die Frucht ernten können, wird eine gewisse Zeit vergehen. Das Vertrauen wurde nicht über Nacht zerstört, und es wird auch nicht augenblicklich wieder erstehen. Ja, es kann sich wieder ein Vertrauensverhältnis entwickeln, doch nur dann, wenn der Prozess des Heilwerdens für den Partner nachvollziehbar und erkennbar ist. Dazu braucht es Zeit. Wir müssen das kleine Pflänzchen tüchtig gießen, bis es sich wieder tief in unserer Beziehung verwurzelt hat.

Hoffnung

„Die Liebe hofft alles“ (Vers 7). Das Größte, was ein Seelsorger seinem Klienten geben kann, ist wohl die Hoffnung. Ein offenes Ohr, ein mitfühlendes Herz, gekonnte Gesprächsführung und Bibelwissen – das alles braucht der Seelsorger. Aber wenn er keine Hoffnung vermitteln kann, ist alles andere umsonst. Die Hoffnung, die ich persönlich weitergeben kann, beruht auf den Erfahrungen in meiner eigenen Ehe und wird genährt durch die Begegnung mit Hunderten von Paaren, deren Heilwerden ich miterleben durfte. Und sie wurzelt tief in der so befreienden Botschaft der Bibel.

In den ersten Jahren unserer Ehe hatten wir bald jede Hoffnung für unsere Ehe verloren. Unser Traum schien nicht Wirklichkeit werden zu können. Wir liebten einander – wie wir dachten –, aber es wollte uns einfach nicht gelingen, schwelende Konflikte auszuräumen. Wir hielten an unseren Vorstellungen fest, wie der andere zu sein habe. Doch keiner von uns wurde den Erwartungen des anderen gerecht. Es war schmerzlich mitzuerleben, wie mein größter Wunsch, nämlich eine glückliche Ehe zu führen, von

Tag zu Tag unerreichbarer wurde. Was ich zu ergreifen suchte, glitt mir aus den Händen. Zwar trennten wir uns nicht räumlich, gingen aber doch emotional getrennte Wege.

Es gab eine ganz einfache Lösung. Wir blieben einfach zusammen, bis wir uns beide änderten. Bücher, Konferenzen, Freunde und Gott – das alles wirkte zusammen, um uns begreiflich zu machen, dass viele unserer zerstörerischen Verhaltensweisen auf unserer eigenen Unsicherheit beruhten. Wir verstanden uns selbst immer besser. Wir erkannten, wo wir Positives beitrugen und wo unser Verhalten eine Belastung für unsere Beziehung war. Wir begannen, mehr zuzuhören, als selbst zu reden. Statt zu fordern, baten wir nun öfter um etwas. Uns wurde es wichtiger, den anderen zu verstehen, als unseren Willen durchzusetzen. Wir lernten, die Stärken des anderen zu schätzen und uns in unseren Schwächen gegenseitig zu stützen. Wir begriffen, dass wir Freunde waren. Die Wärme und Geborgenheit, die wir jetzt erleben, wenn wir zusammen sind, hat nichts mehr zu tun mit der emotionalen Zerrissenheit, die die ersten Jahre unserer Ehe prägten. Aber ich habe diese Zeit nicht vergessen, und deshalb habe ich Hoffnung auch für andere.

Im Laufe der Jahre habe ich immer wieder miterleben können, wie Menschen ein neues Leben begannen, wenn sie sich als Mann und Frau Christus anvertrauten. Die Botschaft des Evangeliums sagt ja nicht nur, dass Gott unsere Sünden vergeben wird. Darüber hinaus wird uns verheißen, dass der Geist Christi Wohnung in uns nehmen will, um uns die

Kraft zum Wandel zu schenken. Jeder Mann und jede Frau besitzt die Fähigkeit, sich zu verändern. Der Christ aber hat noch den besonderen Beistand des Heiligen Geistes, wenn er sich dafür entscheidet, Gottes Wege zu gehen.

Ja, es gibt Hoffnung für Sie und Hoffnung für Ihre Ehe. Der erste Schritt ist, dass Sie Gott Ihr Leben übergeben. Als Nächstes sollten Sie sich dann entscheiden, Ihren Partner trotz allem, was geschehen ist, zu lieben. Natürlich besteht immer die Möglichkeit, dass der Partner auf Ihr Liebeswerben und auf die Liebe Gottes nicht eingeht. Aber Gott wird Sie nicht ohne Hoffnung zurücklassen: *„Denn ich, ich kenne meine Pläne, die ich für euch habe – Spruch des Herrn –, Pläne des Heils und nicht des Unheils; denn ich will euch eine Zukunft und eine Hoffnung geben“* (Jeremia 29,11).

Mit Gott können Sie immer zuversichtlich in die Zukunft schauen. Das aber wird bedeuten, dass Sie auch jede Anstrengung unternehmen, um sich wieder zu versöhnen. Gott wird Ihre Schritte lenken, damit Ihr Leben Frucht bringt. Ihr Lebensglück ist jedenfalls nicht abhängig vom Verhalten Ihres Partners, sondern einzig und allein von Ihrer Bereitschaft, mit Gott in Beziehung zu treten.

Übungen und Fragen, die weiterhelfen

1. Wenn Sie mit Gott sprechen und zu ihm beten, sollten Sie Möglichkeiten aufschreiben, wie Sie ganz konkret Ihrem Partner gegenüber die Liebe Gottes sichtbar machen könnten.

2. Schreiben Sie darüber hinaus auf, was Sie alles unterlassen müssen (Worte und Taten), um ein Mittler der Liebe Gottes für Ihren Partner zu werden.
3. Bitten Sie darum, dass Gott Sie befähigt, alles zu unterlassen, was die Beziehung zu Ihrem Partner belastet und weiter zerstört.
4. Suchen Sie sich einen Punkt aus der ersten Liste aus, und bitten Sie Gott, Ihnen die Gelegenheit zu geben, auf die genannte Weise dem Partner Gottes Liebe zu zeigen.
5. Nehmen Sie sich ganz fest vor, mit Gott zu gehen, unabhängig davon, was Ihr Partner tun wird.

7. Wie werde ich mit der Einsamkeit fertig?

Vor ein paar Wochen predigte ich in unserem Gottesdienst über die Rolle der Singles in der Familie Gottes. Dabei kam ich auch auf deren spezielle Probleme zu sprechen. Ich nannte unter anderem die Einsamkeit. In der darauf folgenden Woche sprach mich eine junge allein erziehende Mutter an. Sie sagte: „Ich glaube, Sie wissen gar nicht, wovon Sie geredet haben.“ Ich war ziemlich verdutzt für einen Augenblick. „Wie meinen Sie das?“, fragte ich nach.

„Ich meine Ihre Predigt am Sonntag über die Einsamkeit. Ich hatte so das Gefühl, dass Sie gar keine rechte Vorstellung davon haben, was es heißt, einsam zu sein. Sie haben doch eine Frau, die Sie liebt. Wie können Sie da wissen, was Einsamkeit ist?“

Ich gestand ein, dass sie eigentlich Recht habe. „Ich bin sicher, dass ich mir nicht recht vorstellen kann, was Sie gerade durchmachen.“ Im Grunde weiß niemand ganz genau, was ein anderer gerade an Leid erfährt. Wir können nur den Verletzten und Gekränkten zuhören und versuchen, sie zu verstehen.

Ich dachte über die Worte nach, die ich ein paar Monate zuvor geschrieben hatte, als ich drei Wochen lang nicht bei meiner Familie sein konnte, weil ich ein Seminar für Singles an der Westküste hielt: „Ich habe mich schon lange nicht mehr so einsam gefühlt wie an diesem Nachmittag und Abend. 3.000 Meilen von zu Hause stellt sich schnell ein Gefühl der

Leere ein. Hunderte von Menschen sind mit mir auf dem Gelände der Hochschule, aber ich kenne keinen von ihnen. Die Studenten scheinen sich alle zu kennen und gehen ganz vertraut miteinander um. Ich aber fühle mich furchtbar allein gelassen."

Das Unbehagen, das ich damals spürte, ist natürlich nichts im Vergleich zu der Einsamkeit, die jene junge Frau empfand. Ich wusste, dass ich bald wieder zu einer liebenden Ehefrau und zu meinen Kindern heimkehren würde. Ich stellte mir schon vor, wie wir uns in die Arme fallen würden. Mit diesem Bild vor Augen konnte ich die Zeit überbrücken. Aber die junge Mutter hatte nichts dergleichen, worauf sie sich hätte freuen können.

Ein junger Mann sagte einmal zu seinem Pastor: „Ich lebe nun schon zwei Jahre vereinsamt. Ich meine nicht einsam. Wissen Sie, was der Unterschied zwischen vereinsamt und einsam ist? Sie wissen es nicht! Sie haben keine Erfahrung damit. Einsam sind Sie, wenn gerade niemand da ist, aber Sie wissen ganz genau, dass sich das bald wieder ändern wird. Vereinsamt sind Sie jedoch, wenn Sie nicht mehr hoffen können, aus Ihrer Einsamkeit herauszukommen. Ich war eine ganze Weile einsam, nachdem meine Familie ausgezogen war, aber nur solange ich Hoffnung hatte, dass sie eines Tages zu mir zurückkehren würde. Ich gebe ihr nicht die Schuld. Ich leugne auch nicht mein Fehlverhalten. Ich habe vieles falsch gemacht. Entscheidend aber ist, dass sie auf keinen Fall wiederkommen wird – nicht in einer Million Jahren. Sie können sich nicht vorstellen, was das für eine Hölle ist. Und ich hoffe, Sie kommen niemals in diese Lage!"

Einsamkeit ist für viele bittere Realität. Und was vielen nicht bewusst ist: Einsamkeit kann sogar tödlich enden. James Lynch, Professor der Psychologie und wissenschaftlicher Direktor einer psychosomatischen Universitätsklinik in Maryland, hat sich eingehend mit dem Zusammenhang zwischen Einsamkeit und körperlicher Gesundheit beschäftigt. In einem Interview wurde er zu diesem Thema befragt. Er antwortete: „Das ist, als würden Sie danach fragen, ob die Luft und das körperliche Wohlbefinden in einem Zusammenhang stünden. Wie die Luft, die wir einatmen, etwas Selbstverständliches ist, so nehmen wir auch zwischenmenschliche Beziehungen als etwas Selbstverständliches kaum wahr, solange sie uns nicht genommen werden. Tatsache ist, dass soziale Isolation, plötzlicher Liebesverlust und chronische Einsamkeit in hohem Maße dafür verantwortlich sind, wenn Menschen krank werden oder frühzeitig sterben. Die Einsamkeit treibt nicht nur unsere Kultur ihrer Belastungsgrenze entgegen, sondern sorgt auch dafür, dass unsere Gesundheit hochgradig gefährdet ist."

Einsamkeit kommt natürlich nicht nur bei getrennt lebenden Menschen vor. In vielen Fällen leben Mann und Frau zwar in derselben Wohnung, doch sie sind emotional vollkommen isoliert. In einer kürzlich in Israel von Jack Medalie und Uri Goldbourt durchgeführten Studie hat man 10.000 verheiratete Männer von 40 Jahren und älter befragt. Man wollte herausfinden, welche Faktoren zur Entwicklung einer Angina Pectoris beitragen. Man beobachtete die Probanden über einen Zeitraum von fünf Jahren. Dabei stellte sich heraus, dass von den Männern, die in einer harmonischen Ehe lebten, weniger an Angina Pectoris erkrankten als von den Männern, deren Frauen kühl und unnahbar waren (52 von 1.000 statt 93 von 1.000). Eine Beziehung mit sehr viel persönlicher Nähe dient der Gesundheit. Einsamkeit dagegen ist ihr abträglich.

Doch besonders für getrennt lebende Paare ist das Thema Einsamkeit akut. So schrieb eine Frau: „Die Einsamkeit ist wahrscheinlich das tiefste Schlagloch auf dem Weg, den getrennt Lebende gehen müssen. Nach mehreren Ehejahren vermisse ich jetzt besonders, dass ich jemanden um mich habe, mit dem ich all die kleinen Dinge des Alltags besprechen kann. Besonders zu den Mahlzeiten fühle ich mich schrecklich einsam. Und es scheint so sinnlos zu sein, für nur eine Person zu kochen. Ich stürze mich in viele Aktivitäten, damit ich nicht immer darüber nachdenken muss, wie sinnentleert mein Leben ist. In der Gemeinde oder auf Partys fühle ich mich oft furchtbar allein, besonders wenn niemand das Gespräch mit mir sucht."

Robert Weiss, Professor für Soziologie an der Universität von Massachusetts, hat sich eingehend mit dem Phänomen der Einsamkeit beschäftigt. Er unterscheidet zwei Formen der Einsamkeit: die emotionale und die soziale. Obwohl sich die Symptome unterscheiden, haben beide die gleiche Ursache: die Unfähigkeit, das Bedürfnis nach sinngebenden zwischenmenschlichen Bindungen zu stillen.

Emotionale Einsamkeit stellt sich ein, wenn das Bedürfnis nach persönlicher Nähe zum Partner oder einem guten Freund nicht gestillt wird. Ein Mensch, der sich emotional einsam fühlt, lebt mit dem Eindruck, dass es niemanden gibt, auf den er sich hundertprozentig verlassen kann. Symptome sind unter anderem: Angespanntheit, Ängstlichkeit, Rastlosigkeit, Appetitlosigkeit, Schlafstörungen und ein latentes Gefühl, irgendwie bedroht zu sein.

Bei der *sozialen* Einsamkeit lebt der Betreffende ständig mit dem Gefühl, gesellschaftlich ausgeschlossen zu sein. Er wird den Eindruck nicht los, dass bedeutende und für ihn interessante Ereignisse immer dort stattfinden, wo er gerade nicht ist. Oft verliert für die sozial Vereinsamten ein geregelter Tagesablauf völlig seine Bedeutung. Sie legen sich am Tag schlafen und sind mitten in der Nacht hellwach. Soziale Einsamkeit findet man besonders unter Menschen, die arbeitslos sind oder in ihrer Arbeit nur wenig Erfüllung finden. Sie leben mit dem Gefühl, nichts wirklich Sinnvolles in ihrem Leben zu schaffen.

Getrennt lebende Paare werden wahrscheinlich beide Arten der Einsamkeit erleben. Das gilt besonders dann, wenn der Betreffende außerhalb der Ehe kein tragfähiges soziales Umfeld vorfindet. Die Hausfrau, die im Laufe vieler Jahre zu Hause geblieben ist, wird sich im Fall der Trennung nicht nur von ihrem Partner verlassen, sondern auch von der ganzen Welt abgeschnitten fühlen.

Das Gefühl der Einsamkeit wird oft mit Depressionen verwechselt. Einsame Menschen werden zwar oft depressiv, weil es ihnen nicht gelingen will, aus eigener Kraft aus ihrer Einsamkeit herauszukommen. Trotzdem handelt es sich um zwei ganz unterschiedliche Seelenzustände. In der Depression steckt keine Kraft zum Handeln. Sie widersetzt sich der Veränderung. Mit dem Gefühl der Einsamkeit jedoch werden Kräfte freigesetzt, die eine Veränderung herbeiführen wollen. Die Depression führt zur Erstarrung. Das Gefühl der Einsamkeit dagegen mobilisiert zum Aufbruch und lebt deshalb von der Hoffnung. Deshalb gehen viele einsame Menschen zu Single-Partys, obwohl sie sich dazu überwinden müssen. Die Depression aber hält uns zu Hause und legt sich als Selbstmitleid wie ein Schleier auf unser Leben.

Soziale Einsamkeit

Soziale Einsamkeit ist das Gefühl, von allem, was einem in dieser Welt wichtig ist, abgeschnitten zu sein. Es hilft oft, sich davon zu befreien, wenn man in seinem Beruf Erfüllung findet. Unser Selbstwertgefühl hängt sehr viel davon ab, was wir im Leben leisten. Wenn ich dann das Gefühl haben kann, etwas für Gott und die Allgemeinheit tun zu können, wird soziale Einsamkeit kein so großes Problem für mich sein.

Für manche mag das bedeuten, noch einmal die Schulbank zu drücken, um einen beruflichen Traum zu verwirklichen, der jahrelang unterdrückt worden ist. Ich denke da an eine Frau von Mitte Dreißig, die nach der Trennung von ihrem Mann auf dem zweiten Bildungsweg die mittlere Reife nachholte, sich zur Bürokauffrau ausbilden ließ und sich nun gesellschaftlich vollkommen integriert fühlt. Das Gefühl, in einem Team zu arbeiten, das einen wertvollen gesellschaftlichen Beitrag leistet, ist die beste Voraussetzung, von sozialer Einsamkeit geheilt zu werden.

Die Weiterbildung stärkt auch das Selbstvertrauen. Wer sich selbst beweist, dass er etwas leisten kann, der fühlt sich gleich wohler, und die Zuversicht wächst, dass Gott noch so einiges an positiven Dingen parat haben könnte. Jeder hat zweifellos viele noch gar nicht entwickelte Interessen und Fertigkeiten. Die derzeitige Situation ist vielleicht der geeignetste Augenblick, um Verborgenes zur Entfaltung zu bringen.

Diese persönliche und berufliche Weiterentwicklung ist durchaus dazu geeignet, die Versöhnung mit Ihrem Partner in Gang zu setzen. Wenn er mitbekommt, dass Sie die Gelegenheit beim Schopf gepackt haben, um sich weiterzuentwickeln, statt sich still leidend ins Schneckenhaus zurückzuziehen, wird er die Zuversicht gewinnen, dass Sie Ihre Ehe doch noch auf einer gesünderen Basis fortführen können. Ihr Partner wird die Erfahrung machen, dass Sie sich zum Positiven verändern. Allerdings müssen Ihre Aktivitäten nicht zwangsläufig dazu führen, dass der Partner zurückkehrt. Was Sie aber in jedem Fall gewinnen, ist die Überwindung von sozialer Einsamkeit.

So manche allein erziehende Mutter wird allerdings die Erfahrung machen, dass eine berufliche Weiterbildung praktisch nicht durchführbar ist. Sie fühlen sich durch die Kinder in ihren Entfaltungsmöglichkeiten beschnitten und eingeengt. Ich möchte Sie aber an dieser Stelle daran erinnern, dass trotz allem Kinder eine Gabe Gottes sind (Psalm 127,3).

Das sind sie auch dann noch, wenn Sie mit einer Trennung zurechtkommen müssen. Ihnen wird die Einsamkeit erspart bleiben, die andere erleben, weil Sie immer noch Ihre Kinder haben. Was den erfüllenden Beruf angeht, so gibt es wohl kaum etwas Erfüllenderes als das Großziehen von Kindern. In vielen Berufen hat man es in erster Linie mit seelenlosen Gegenständen zu tun. Sie aber arbeiten mit lebendigen Wesen. Sie arbeiten für die Ewigkeit; die anderen produzieren Vergängliches. Es gilt noch immer der alte Spruch: „Die Hand, die die Wiege schaukelt, regiert die Welt." Meiner Meinung nach ist es eine Tragik, dass so viele Mütter ihre größte Berufung für weniger wertvolle Beschäftigungen verspielen. Bedauern Sie sich deshalb nicht selbst, wenn es Ihre Situation nicht zulässt, außer Haus zu arbeiten. Danken Sie Gott für die Gelegenheit, sich der schönsten Aufgabe auf dieser Welt widmen zu können!

Auf der anderen Seite gibt es natürlich auch die Mütter, die gar nicht berufstätig werden wollen, aber durch die Trennung dazu gezwungen sind. Vielleicht will oder kann der Mann nicht für den Unterhalt aufkommen, und so bleibt der Frau gar nichts weiter übrig, als sich eine Stelle zu suchen. Wenn Sie unter diesem Druck stehen, dann versuchen Sie, dies als Gelegenheit und nicht als Missgeschick zu sehen. Bitten Sie Gott darum, Sie emotional und körperlich für diese Aufgabe zuzurüsten! Bitten Sie um die Weisheit Salomos für die Erziehung Ihrer Kinder, und gehen Sie aus dem Haus, um als Frau Gottes draußen zu wirken! Auf jeden Fall werden Sie nichts mehr mit dem Problem der sozialen Einsamkeit zu tun haben.

Für diejenigen, die weder eine Ausbildung machen noch einen Beruf ausüben können, gibt es genug Möglichkeiten, sich sinnvoll zu beschäftigen. Gemeinnützige Vereine und Organisationen suchen immer ehrenamtliche Helfer, die bereit sind, Zeit und Mühe zu investieren. Auch christliche Werke und Vereinigungen geben Ihnen die Gelegenheit, Ihre Tatkraft sinnvoll einzusetzen. Sie müssen nicht auf der Reservebank sitzen bleiben. Sie sind vielmehr aufgefordert, am Spiel teilzunehmen! Das wird Ihnen das Gefühl geben, etwas zu leisten.

Emotionale Einsamkeit

Die Antwort auf emotionale Einsamkeit ist die Bereitschaft, Kontakt zu sich selbst, zu Gott und zu anderen Menschen zu halten. Emotionale Einsamkeit ist der Mangel an engen und vertrauensvollen Beziehungen zu anderen. Wir haben darüber schon in den vorigen Kapiteln gesprochen. Ich möchte aber trotzdem noch einmal darauf hinweisen, dass es wichtig ist, Ihr eigener guter Freund zu sein. Sie verbringen schließlich mehr Zeit mit sich selbst als mit irgendjemand anderem auf der Welt. Warum sollten Sie sich da die gemeinsame Zeit nicht so angenehm wie möglich gestalten? Lernen Sie es, sich selbst zu mögen, und schaffen Sie eine Atmosphäre, in der Sie sich selbst wohl fühlen können! Sie müssen sich nicht selbst kasteien für das, was geschehen ist. Sie haben Ihre Fehler eingestanden. Zögern Sie also nicht mehr, ab heute Dinge zu tun, die Ihnen das Leben angenehmer machen!

Eine Gemeinde kann Ihnen sehr helfen, Kontakte zu Gott und anderen Menschen zu halten, die Ihnen wirklich etwas bringen. Es ist immer eine Freude zu beobachten, wenn ein einsamer Mensch zur Gemeinde findet und dort mit offenen Armen aufgenommen wird. In der Predigt hört er die Botschaft, dass er Grund zum Optimismus hat. Und seit Wochen macht ihm zum ersten Mal wieder jemand Mut. In den Bibelstunden und Kleingruppen begegnet er Menschen, die genauso wie er auf Hoffnung angewiesen sind. Er stellt fest, dass auch andere nicht vollkommen sind, dass sie aber trotzdem Vergebung empfangen haben. Nur deshalb sind sie in der Lage, anderen Menschen offen und ungezwungen in Liebe gegenüberzutreten. Nach und nach lernt ein solcher Mensch, Vertrauen zu fassen – Gott und seinen Mitmenschen gegenüber. Er lernt es, mit Gott zu reden und auf sein persönliches Wort zu hören. Er lernt es, offen mit Menschen, die sich für ihn interessieren, über seine Probleme zu reden. Mit der Zeit lässt das Gefühl der Einsamkeit nach, und der Betreffende öffnet sich wie eine sich entfaltende Rose.

Hört sich das alles vielleicht ein bisschen zu leicht an? Oder klingt es zu fromm und heilig? Ich hoffe nicht, denn der Weg, den Sie vor sich haben, ist weder leicht noch auf Wolke sieben schwebend zu bewältigen. Er ist vielmehr mit Risiken gepflastert. Sie müssen sich erst einmal wie ein junger Schmetterling aus Ihrem Kokon befreien. Sie können ganz bestimmt fliegen, aber dazu müssen Sie erst einmal die Sie einengende Hülle abstreifen. Sie können es lernen, ohne das Gefühl der Einsamkeit zu leben. Aber dazu müssen Sie hinausgehen und sich auf die Suche nach neuen Beziehungen machen. Leider werden Sie die menschliche Wärme, die Sie jetzt so dringend brauchen, nicht in jeder Gemeinde finden. Manche von ihnen sind zu Hilfsorganisationen verkommen, die am liebsten nur denen helfen, die ihre „Schulden" über Spenden begleichen. Sie nehmen nicht mehr die Rolle des Leuchtturms wahr, der in Seenot geratenen Schiffen den Weg weist. Aber geben Sie nicht auf! Jesus hat gesagt: *„Bittet, dann wird euch gegeben; sucht, dann werdet ihr finden; klopft an, dann wird euch geöffnet"* (Matthäus 7,7). Ihre Suche wird nicht umsonst sein.

Aber eine Warnung möchte ich noch aussprechen: Begeben Sie sich nur auf die Suche nach christlicher Nächstenliebe. Suchen Sie nicht das Liebesabenteuer. Denken Sie immer daran: Ihr Ziel ist die Versöhnung mit dem bisherigen Partner. In diese Richtung möchten Sie doch alle Wege offen halten. In der Zwischenzeit brauchen Sie allerdings die Liebe und Zuneigung anderer Menschen. Erwarten Sie jedoch nicht Vollkommenheit von Ihren Mitmenschen. Selbst in der Gemeinde begegnen Ihnen vielleicht Menschen, die versuchen, sich Ihrer zu bedienen. An der Kirchentür steht kein Wächter, um den Charakter all derer zu überprüfen, die sie passieren. Schon Jesus hat uns darauf aufmerksam gemacht, dass das Unkraut und der Weizen nebeneinander gedeihen – bis zur Ernte (Matthäus 13, 24-30).

Von allen sozialen Einrichtungen unseres Landes ist keine besser gerüstet, sich um die Belange der Einsamen zu kümmern, als die Gemeinde. Sie ist nicht nur ein Ort, an dem man sich mit seinen alltäglichen Nöten und Bedürfnissen in guten Händen weiß; sie ist auch gleichzeitig die geistliche Stütze für unser Leben. Die beste Medizin gegen Einsamkeit ist eine geklärte Beziehung zu Gott und ein inniges Verhältnis zu den Mitmenschen.

Ich möchte noch zum Schluss ein Wort an jene Leser und Leserinnen richten, die bereits Glieder einer Gemeinde sind: Wir müssen uns der Herausforderung stellen, in unseren Gemeinden ein Netz zwischenmenschlicher Beziehungen zu knüpfen, wie ich es beschrieben habe. Es ist geradezu tragisch, wenn verletzte Menschen in unsere Gottesdienste kommen und wieder gehen, ohne auch nur eine Spur heil geworden zu sein. Eine ältere Frau hat einmal gesagt: „Ich sitze in der Kirchenbank und spüre die Körperwärme meines Nachbarn, aber die Wärme des Herzens bleibt mir verborgen. Ich teile mit ihm meinen Glauben, aber nicht eine einzige Geste zeigt mir seine Liebe. Ich singe dieselbe Melodie wie der, der neben mir sitzt. Und doch höre ich nur meine eigene Stimme. Am Ende gehe ich fort, wie ich kam – voller Sehnsucht nach einer Berührung durch einen Menschen, der mir sagt, dass ich ihm etwas bedeute. Vielleicht hätte ja schon ein Lächeln genügt, eine nette Geste oder ein Zeichen, dass ich keine Fremde bin."

Paul Tournier schreibt:

> *Es ist trotz allem immer noch allein die Kirche, die heute den gewaltigen Hunger dieser Welt nach Gemeinschaft stillt. Christus hat seine Jünger immer zu*

zweit ausgesandt. Und der großartige Leib der frühen Christenheit „war ein Herz und eine Seele. Keiner nannte etwas von dem, was er hatte, sein Eigentum, sondern sie hatten alles gemeinsam" (Apostelgeschichte 4,32;2,44). Aber anstatt der Welt heute den Weg zu mehr Gemeinschaft zu zeigen, verkörpert die Kirche offenbar nur noch den Triumph des Individualismus. Die Gläubigen sitzen Seite an Seite, ohne einander zu kennen. Die Ältesten treffen sich und sitzen zu Rate und tun mit all den Formalitäten und Parteiungen so, als sei's ein kleines Parlament. Und die Pastoren erledigen ihre Pflicht, ohne recht zu wissen, was der andere tut.

Mögen wir niemals zufrieden sein, solange die Gemeinden, in denen wir dienen, nicht einsehen, dass sie den Dienst ihres Herrn weiterführen müssen, der gesagt hat: *„Kommt alle zu mir, die ihr euch plagt und schwere Lasten zu tragen habt. Ich werde euch Ruhe verschaffen"* (Matthäus 11,28).

Vielleicht kommt niemand auf Sie zu, aber wenn Sie auf andere zugehen und Ihr Interesse bekunden, indem Sie das Gespräch beginnen, werden auch die anderen Interesse an Ihnen zeigen. Wenn man Ihnen abnimmt, dass Ihnen das Wohl anderer am Herzen liegt, wird bald auch Ihr Wohl anderen am Herzen liegen. Sobald Sie anfangen, Beziehungen mit Tiefgang aufzubauen, wird sich Ihre emotionale Einsamkeit verflüchtigen.

Vielleicht haben Sie im Augenblick noch das Gefühl, ein Gefangener Ihrer Situation zu sein. Sie leben getrennt, sind aber noch nicht geschieden. Sie leiden, sind aber auch noch nicht frei, eine neue Beziehung einzugehen. Sie sind einsam und allein. Aber wie die Trennung nur ein Übergangsstadium ist, so ist auch die Einsamkeit nur eine vorübergehende Erscheinung – eine Passage zwischen zwei Räumen. Sie ist die Diele, aber nicht das Wohnzimmer. An der Eingangstür kommen Sie aus der Depression, aus dem Leid, der Dunkelheit und der Erstarrung. Auf der anderen Seite aber ist die Tür zum Leben, zur Liebe und zur Erfüllung. Sie stehen mitten im Flur, vielleicht liegen Sie auch auf dem Boden und weinen. Aber irgendwann werden Sie aufstehen. Wenn Sie das tun, werden Sie auf die helle Tür der Hoffnung zugehen (oder zuerst nur kriechen). Gleich hinter dieser Tür warten freundliche Menschen auf Sie, die Sie annehmen werden, wie Sie sind, und Ihnen helfen, so zu werden, wie Sie sein möchten. Die Einsamkeit muss kein Dauerzustand sein!

Übungen und Fragen, die weiterhelfen

1. Versuchen Sie, anhand folgender Fragen zu klären, in welchem Maß Sie unter emotionaler Einsamkeit leiden.

a) Fühlen Sie sich in Ihrem persönlichen Umfeld isoliert?

b) Beobachten Sie immer wieder, dass Menschen in Ihrer Umgebung ihre Ziele erreichen, während Sie nur dabeistehen und zuschauen?

c) Wenn Sie einen Wunsch frei hätten, was würden Sie dann mit Ihrem Leben anfangen?

d) Ist dieser Wunsch in Ihrem Leben zu verwirklichen? Wenn nicht, was wäre dann ein realistisches Ziel?
e) Welchen Schritt müssten Sie als Allererstes tun, um diesem Ziel näher zu kommen?
f) Auf welche Weise wird sich dieser erste Schritt auf Ihre Beziehung zum Ehepartner auswirken?
g) Wie wird er sich in Ihrem Leben auswirken?
h) Warum tun Sie diesen Schritt noch nicht? Wie wäre es, wenn Sie Gott bitten würden, Ihnen den weiteren Weg zu zeigen?

2. Versuchen Sie, anhand folgender Fragen zu klären, in welchem Maß Sie unter sozialer Einsamkeit leiden.
a) Fühlen Sie sich mit Ihren Problemen allein gelassen? Haben Sie das Gefühl, niemanden zu haben, mit dem Sie sich aussprechen können?
b) Inwieweit ist es noch möglich, mit Ihrem Partner vertrauensvolle Gespräche zu führen?
c) Können Sie mit einem Freund, einer Freundin reden, ohne Angst haben zu müssen, abgelehnt zu werden? Wenn das so ist, haben Sie dann schon über Ihr derzeitiges Leid mit dem Freund oder der Freundin gesprochen? Falls nicht, warum sprechen Sie ihn oder sie nicht heute noch an?
d) Haben Sie das Bedürfnis, eine echte Freundschaft mit anderen zu schließen? Gibt es in Ihrem sozialen Umfeld Menschen, mit denen Sie sich solch eine Freundschaft vorstellen könnten? Wo könnten Sie in Frage kommenden Menschen begegnen?

e) Sind Sie derzeit in eine christlichen Gemeinde integriert? Wenn nicht, was hindert Sie daran, Kontakt aufzunehmen?

3. Wenn die Einsamkeit ein drückendes Problem ist und Sie keinen haben, mit dem Sie reden können, dann sollten Sie sich vielleicht doch einen Termin bei einem Seelsorger oder Pastor besorgen, der Ihnen helfen wird, Ihre eigene Situation objektiver zu beurteilen.

8. Wie gehe ich mit meiner Bitterkeit um?

„Ich werde so wütend, wenn ich nur an ihn denke. Wenn mir durch den Kopf geht, was er mir alles angetan hat, dann hasse ich ihn sogar dafür. Ich weiß, dass das nicht richtig ist. Aber ich kann nicht anders."

„Als ich den Kerl sah, mit dem sie sich verabredete, da war, ehrlich gesagt, mein erster Gedanke, die beiden umzubringen."

Solche Gedanken und Gefühle sind nicht ungewöhnlich. Von den Psychologen wissen wir, dass ein Mensch, der Trennung und Scheidung durchlebt, die gleiche Trauerarbeit mit all ihren Phasen leisten muss wie jemand, der von einem Todesfall betroffen ist. Eine dieser Phasen in der Zeit der Trauer ist das zornige Aufbegehren. Dieser Zorn kann sich gegen einen selbst richten, gegen Gott, den Partner oder gegen alle drei. Man hat die Emotionen des Menschen in drei Grundbereiche eingeteilt: Liebe, Angst und Feindseligkeit. Die Liebe motiviert, auf eine Person *zuzugehen*. Die Angst treibt uns *fort* vom anderen, und die Feindseligkeit lässt uns *gegen* den Betreffenden vorgehen.

Wenn es zur Trennung kommt, ist bei mindestens einem der ehemaligen Partner die Liebe erkaltet. Es mögen Ängste da sein, vielleicht aber auch nicht. Doch Feindseligkeit ist in den meisten Fällen vorhanden. Wir sind schließlich verletzt worden. Man hat uns Unrecht getan. Unser Partner ist schuld, und unsere Feindseligkeit richtet sich gegen ihn. Wir wollen es dem anderen heimzahlen. Er soll leiden, wie wir gelitten haben.

Im Normalfall empfinden beide Partner Wut und Zorn, denn jeder macht letztlich den anderen verantwortlich für das entstandene Leid. Wut ist also eine ganz normale Reaktion, aber sie ist auch zerstörerisch. Die Wut schädigt oft die Person, gegen die sie sich richtet, aber sie zerstört auch denjenigen, der sie im Herzen trägt und nicht loswerden will. Wenn die Wut in konstruktive Energie umgewandelt werden kann, wird die erwünschte Veränderung möglicherweise eintreten. Doch wenn sie verdeckt im Verborgenen glüht, kann ihr Zerstörungswerk gewaltig sein. Zurückgehaltene Wut kann zum Tod führen – wie ein bösartiger Tumor, der eines Tages den Lebensfaden durchfressen hat.

Aber auch die unkontrollierte Freisetzung aufgestauter Wut ist gefährlich. Es kommt zur Explosion, und alles in der näheren Umgebung wird in Stücke gerissen. Wer wettert, zetert, schreit und um sich schlägt, der tut nichts Konstruktives. Solch ein Wutausbruch ist wie ein emotionaler Herzinfarkt, der dauerhafte Schäden hinterlässt.

Wenn explodierende Wut wie ein Herzinfarkt ist und unterdrückte Wut wie ein Krebsgeschwür, dann ist die beste Alternative offenbar, sich seiner Wut zu stellen und sie zur Sprache zu bringen. Wenn wir unsere Wut bekennen, dann bedeutet das, dass wir sie hinterher auch *kennen*. Sie ist uns bewusst, und wir verstecken sie nicht mehr. Wir lassen Luft an die Glut und lassen sie bei *offener* Flamme schnell abbrennen. Das ist konstruktiv, weil wir die Wärme so vielleicht noch nutzen können.

Die Bibel hat diesbezüglich eine ganz klare Botschaft: *„Lasst euch durch den Zorn nicht zur Sünde hinreißen! Die Sonne soll über eurem Zorn nicht untergehen"* (Epheser 4,26). Paulus sagt nichts gegen den Zorn an sich. Er geht davon aus, dass wir ihn haben. Ein anderer Gedanke wäre unrealistisch. Jeder von uns wird zunächst wütend, wenn er ungerecht behandelt worden ist. Was Paulus hier sagen will, ist dies: „Wenn ihr schon zornig seid, dann sündigt wenigstens nicht!" Lasst nicht zu, dass ihr durch eure Wut die Beherrschung verliert, sodass ihr etwas tut, was zerstört und sündig ist. Das bedeutet letztlich, dass wir selbst bei großer Wut verantwortlich für unser Tun sind. Nehmen Sie also die Herausforderung an: Sündigen Sie nicht, auch wenn Sie noch so wütend sind!

Die Wut öffnet Tür und Tor für jede Sünde. Wenn wir unseren natürlichen Gelüsten nachgeben, werden wir dem Objekt unseres Zorns Schaden zufügen wollen. Die allermeisten Tötungsdelikte geschehen im Affekt oder im Alkoholrausch. Der Totschlag ist deshalb auch viel häufiger als der geplante Mord. Der Totschläger verliert die Beherrschung, weil er seine Gefühle nicht mehr kontrollieren kann. Ich habe mit anhören müssen, wie Ehemänner, die zuvor ihre Frauen misshandelt hatten, weinten und immer wieder beteuerten: „Das wollte ich doch nicht! Das wollte ich gar nicht tun!" Und Männer und Frauen, die sich verbal attackierten, sagen hinterher oft: „Ich bedauere, was ich gesagt habe. Ich wünschte, ich hätte das nie gesagt, weil ich es eigentlich gar nicht so meine."

Wir müssen einfach bestrebt sein, uns nicht von unseren Gefühlen übermannen zu lassen. Bekennen Sie deshalb Ihre Wut – sich selbst, Gott, einem Freund, einem Seelsorger und Ihrem Partner gegenüber! Aber lassen Sie sie nicht über sich herrschen! Wenn Sie mit jemandem darüber reden, dann verflüchtigt sich Ihre Wut, und Sie werden ohne diesen ständigen Druck viel vernünftiger handeln. Der zweite Rat, den Paulus gibt, ist: *„Die Sonne soll über eurem Zorn nicht untergehen."* Man sollte die Wut niemals als Dauergast bei sich aufnehmen. Sie darf ab und zu eine kleine Nebenrolle im Schauspiel Ihres Lebens spielen. Aber sie sollte niemals den Handlungsablauf auf Abwege führen.

Los werden Sie Ihre Wut am besten durch ein Bekenntnis. Das Schlimmste, was Sie tun können, ist, die Wut zu unterdrücken. Wenn Sie sie zurückhalten und sich auch noch einreden, sie sei gar nicht vorhanden, dann sollten Sie sich auf einen Vulkanausbruch von gewaltiger Zerstörungskraft gefasst machen. Und damit bereiten Sie der Sünde den Boden. Sie lassen es zu, dass der Teufel seinen Fuß in die Tür stellt.

Bitterkeit ist nichts anderes als unterdrückte Wut. Sie entsteht, wenn wir die Wut so lange mit uns herumschleppen, bis sie schließlich unser ganzes Denken und Fühlen beeinflusst. Das Ganze wird zur fixen Idee. Unablässig müssen Sie darüber nachgrübeln, wie Sie Ihrem ehemaligen Partner schaden können. Vergangenes Unrecht wird abgespielt wie die berühmte Schallplatte mit dem Sprung. Und jedes Mal sind der Schmerz und die Wut wieder da, so als sei alles eben erst geschehen. Mit Ihren Fragen drehen Sie sich im Kreis, und Sie bekommen auch immer wieder dieselben Antworten. Aus Wut ist Bitterkeit geworden, und der Hass hat sich ausgebreitet wie ein Krebsgeschwür. Sie behaupten, Ihr Partner mache Ihnen das Leben bitter. Aber in Wahrheit ist es Ihre Entscheidung gewesen, sich die Wut zum Begleiter zu nehmen. Niemand kann die Wut umarmen, ohne mit Bitterkeit und Hass angesteckt zu werden.

Die Freiheit der Vergebung

Wenn bei Ihnen aus Hass Bitterkeit geworden ist, werden Sie den Beistand eines Seelsorgers oder Pastors brauchen. Er wird Ihnen helfen, die Infektion zu überstehen, und er wird Ihnen das heilende Wasser der göttlichen Vergebung reichen. Natürlich haben Sie das Recht, vorübergehend wütend zu sein. Aber Sie haben nicht das Recht, eines der Geschöpfe Gottes zu zerstören, nämlich sich selbst! In der Bibel ist Bitterkeit stets eine Sünde. Wut kann man nicht immer verhindern, aber die Bitterkeit entsteht ja erst, wenn Sie Tag für Tag zulassen, dass die Wut in Ihrem Herzen wohnt. So lesen wir in der Bibel: *„Jede Art von Bitterkeit, Wut, Zorn, Geschrei und Lästerung und alles Böse verbannt aus eurer Mitte!“* (Epheser 4,31). Wir müssen also Bitterkeit als Sünde bekennen und Gottes Vergebung dafür annehmen.

Wir sollten uns im Klaren darüber sein, dass ein

einmaliges Bekenntnis unserer Verbitterung nicht alle feindseligen Gefühle ein für alle Mal beseitigen wird. Wenn die Verbitterung schon lange anhält, sterben die sie begleitenden Emotionen nur langsam. Was tun Sie aber, wenn Gedanken des Zorns und Gefühle der Bitterkeit immer wieder hochkommen? Nehmen Sie diesen Vorgang dann ganz bewusst wahr, und sprechen Sie mit Gott darüber! Vor allem aber sollten Sie Ihre Bereitschaft bekräftigen, dem anderen zu vergeben. Ein passendes Gebet wäre in dieser Situation: „Vater, du kennst meine Gedanken und Gefühle. Ich danke dir, dass ich mit deiner Hilfe nicht mehr diesen Groll gegen meinen Partner haben muss. Steh mir nun bei, wenn ich mich aufmache, um ein Mittler deiner Liebe zu werden." Vergebung wird eine tägliche Übung sein müssen, und Sie müssen sich standhaft dagegen wehren, dass sich Groll in Ihrem Herzen einnistet. Indem Sie aber Vergebung praktizieren, werden Wut und Bitterkeit immer seltener die Oberhand gewinnen.

Wenn wir uns von der Bitterkeit endlich befreit haben, sollten wir folgendes Gebot beachten: *„Seid gütig zueinander, seid barmherzig, vergebt einander, weil auch Gott euch durch Christus vergeben hat. Ahmt Gott nach ...*" (Epheser 4,32-5,1).

Das ist die großartige Botschaft der Bibel: Gott möchte nicht, dass wir Sklaven unserer negativen Gefühle werden. Er wünscht sich vielmehr, dass wir eine Liebesbeziehung zu ihm aufnehmen, die auf alle anderen Beziehungen in unserem Leben ausstrahlen wird. Die Wut macht uns auf einen Konflikt in unserer Partnerbeziehung aufmerksam. Wir sollten uns also schleunigst daranmachen, diesen Konflikt aus der Welt zu schaffen. Ist unser Partner nicht zur Zusammenarbeit bereit, müssen wir uns dagegen wehren, Opfer unseres Zorns zu werden. Wir werden der Wut nicht immer gleich die Tür weisen können. Aber wir dürfen es nicht zulassen, dass sie unser Dauergast wird.

Vergeltung ist gefährlich

Verbitterung, die unserer Herrschaft entglitten ist, weckt ganz leicht Rachegefühle. Wenn sich in uns der Wunsch regt, es dem anderen heimzuzahlen, handeln wir der eindeutigen Lehre der Bibel zuwider. Paulus schreibt: *„Vergeltet niemand Böses mit Bösem! Seid allen Menschen gegenüber auf Gutes bedacht! Rächt euch nicht selbst, liebe Brüder, sondern lasst Raum für den Zorn (Gottes); denn in der Schrift steht: Mein ist die Rache, ich werde vergelten, spricht der Herr“* (Römer 12,17 + 19). Ihr Partner mag Ihnen großes Unrecht zugefügt haben. Aber es ist nicht Ihre Aufgabe und Ihr Recht, ihn dafür zu bestrafen. Er muss mit seiner Sünde Gott Rede und Antwort stehen. Und Gott ist ein gerechter Richter.

Den Christen in Thessalonich schreibt Paulus: *„Seht zu, dass keiner dem andern Böses mit Bösem vergilt, sondern bemüht euch immer, einander und allen Gutes zu tun“* (1. Thessalonicher 5,15). Es soll Ihnen also in erster Linie darum gehen, Ihrem Partner Gutes zu tun. Der gerechte Ausgleich ist zunächst zweitrangig. Einem Menschen Gutes tun ist nicht dasselbe, wie seine Sünde zuzudecken. Es ist niemals gut, dem

Partner zu erlauben, seinen unverantwortlichen und sündigen Lebenswandel fortzuführen. Sie sollen sich schließlich für sein Wohl einsetzen – nicht mit wüsten Drohungen, sondern mit freundlicher Ermahnung.

Wut und Bitterkeit kommen oft in verbalen Attacken zum Ausdruck, die meist ziemlich viel Schaden anrichten. Jemand hat einmal geschrieben: „Reden Sie ruhig drauflos, wenn Sie wütend sind, und Sie werden die Rede halten, die Sie am meisten bedauern werden." Verbale Racheakte dienen niemals einem guten Zweck. Da ist es viel klüger, erst dann zu reden, wenn wir unsere Gefühle in den Griff bekommen haben. Kontroversen müssen besprochen und Konflikte gelöst werden. Aber wir werden keine echten Lösungen finden, wenn der Zorn hochkocht.

Verurteilen Sie sich nicht selbst, wenn Sie wütend werden! Sie wissen dann nämlich zumindest, dass Sie ein ganz normaler Angehöriger der menschlichen Gattung sind. Sie sind offenbar zu tiefen Gefühlen fähig. Das ist doch eigentlich ganz toll, oder? Sorgen Sie nun aber dafür, dass Ihren tiefen Gefühlen gute Taten folgen. Werden Sie kein Sklave Ihrer Wut, sodass Sie etwas tun, was Ihre Situation verschlechtert. Sprechen Sie mit Gott und einem guten Freund über Ihre Gefühle, und bitten Sie beide, Ihnen dabei zu helfen, kreativ nach Lösungen zu suchen, die einen Befreiungsschlag bedeuten.

Übungen und Fragen, die weiterhelfen

1. Machen Sie Ihrem Ärger Luft, indem Sie alles aufschreiben, was Sie belastet! Bitten Sie Gott, Ihnen dabei zur Seite zu stehen, wenn Sie ganz offen all Ihre Gefühle zu Papier bringen. Vielleicht beginnen Sie mit den Worten: „Ich bin so wütend, weil ..."
2. Überlegen Sie, mit welchem Freund oder mit welcher Freundin Sie besprechen können, was Sie aufgeschrieben haben! Bitten Sie den Betreffenden, Ihnen einfach zuzuhören, während Sie Ihren Text vorlesen. Überlegen Sie gemeinsam, was Sie Sinnvolles tun können, um Ihrer Probleme Herr zu werden.
3. Haben Sie den Eindruck, dass aus Ihrer Wut bereits Bitterkeit geworden ist? Sind Sie in diesem Fall bereit, Ihre Verbitterung als Sünde zu bekennen und dafür Gottes Vergebung anzunehmen?
4. Wenn Sie bisher noch niemals Christus in Ihr Leben eingeladen haben, dann tun Sie das doch einfach, während Sie Ihre Sünden bekennen. Bitten Sie ihn, in Ihr Leben zu kommen und Ihnen zu helfen, mit den gegenwärtigen Problemen fertig zu werden.

9. Wenn der Partner heimkehrt

Es kommt immer wieder vor, dass der eine Partner zum anderen sagt: „Ich möchte, dass du glücklich wirst. Wenn du also woanders zufriedener bist, dann will ich dich nicht halten. Geh! Es fällt mir zwar schwer, das zu sagen, aber ich möchte, dass du glücklich bist.“ Nach außen hört sich das ausgesprochen lieb und selbstlos an. Doch es ist weder lieb noch selbstlos. Die Liebe will das Wohl des Ehepartners. Doch wie wir aus der Schrift wissen, kann nichts Gutes dabei herauskommen, wenn jemand ohne zwingenden Grund sein Eheversprechen bricht und fortgeht. Deshalb sollte auch niemand dazu ermuntert werden.

Wir können uns zur Heimkehr entschließen

Rechtschaffenheit und nicht das momentane Glücksgefühl bildet die Grundlage eines zufriedenen Lebens. Wenn wir unser Lebensglück durch Unrecht erkaufen wollen, dann ist die Freude darüber nur von kurzer Dauer. Die Freuden der Sünde sind immer nur kurzlebig. Deshalb sollte ein Christ niemals den Ehemann oder die Ehefrau ermuntern, sich aus dem Staub zu machen, um sein oder ihr Glück zu machen. Was aber sollen wir denn nach biblischer Lehre in unserer Situation tun? Was ist richtig aus Gottes Perspektive? Wenn Sie auf diese Fragen keine Antwort wissen, sollten Sie sich an einen gläubigen Pastor wenden, der mit den biblischen Prinzipien für zwischenmenschliche Beziehungen vertraut ist. Sobald wir wissen, welcher der richtige Weg ist, sollten wir diese Richtung auch einschlagen – um jeden Preis.

Der richtige Weg mag nicht der leichteste sein. Aber es wird auf lange Sicht immer der beste Weg sein. Im Augenblick scheint es vielleicht die einfachere Lösung zu sein, fortan getrennte Wege zu gehen und das eigene Glück zu suchen, statt auf Versöhnung hinzuarbeiten und die verschüttete Liebe wieder auszugraben. Es mag viel schwerer fallen, zusammenzubleiben, statt auseinander zu gehen, besonders wenn die Liebe erkaltet ist. Doch wir Christen sind immer aufgerufen, nicht den leichten Weg, sondern den richtigen Weg zu gehen. Ich verspreche Ihnen, dass Sie am Ende des richtigen, aber beschwerlichen Weges der Versöhnung Ihr Glück finden und Ihre Liebe wieder entdecken.

Der Entschluss, sich wieder dem Partner zuzuwenden und Versöhnung zu versuchen, ist ein Glaubensschritt. Doch er setzt keinen blinden Glauben voraus. Es ist der Glaube, der auf dem guten Rat Gottes gründet. Noch können Sie sich kaum vorstellen, wie die Liebe wieder Ihr Herz erwärmt. Sie können sich nicht vorstellen, wie die Differenzen überwunden werden sollen. Und Sie können sich nicht vorstellen, dass sich die Vertrautheit zwischen Ihnen je wieder einstellen könnte, die Sie für Ihre Ehe so erhoffen. Deshalb muss der erste Schritt im Glauben getan werden, ohne dass Sie sich auf etwas Sichtbares stützen könnten. Sie müssen einfach nur die Hand Gottes ergreifen und mit ihm gemeinsam Ihren Weg gehen. Vertrauen Sie seiner Weisheit!

Nehmen Sie sich Mose zum Vorbild: *„Aufgrund des Glaubens weigerte sich Mose, als er herangewachsen war, Sohn einer Tochter des Pharao genannt zu werden; lieber wollte er sich zusammen mit dem Volk Gottes misshandeln lassen, als flüchtigen Genuss von der Sünde zu haben; er hielt die Schmach des Messias für einen größeren Reichtum als die Schätze Ägyptens; denn er dachte an den künftigen Lohn"* (Hebräer 11,24-26). Mose wuchs im Palast des Pharao auf. Er war also an das gute Leben in Ägypten gewöhnt. Aber nach Gottes Plan wurde Mose dazu berufen, die Israeliten, die ja seine Landsleute waren, aus der Knechtschaft zu führen. Er entschloss sich, im Glauben mit Gott zu gehen. Die einzige Sicherheit, die er für sein Vorhaben hatte, war die Verheißung Gottes. Durch sie wusste er, dass er Gutes bewirken würde. Und das ist die Sicherheit, die auch Sie haben. Was brauchen Sie mehr?

Versöhnung setzt eine Entscheidung voraus. Es ist die Entscheidung *gegen* die Trennung und *gegen* die Scheidung am Ende. Es ist die Entscheidung, das Eheversprechen zu erneuern. Sie wollen ganz bewusst die persönliche Nähe und Vertrautheit wiederherstellen, die Gott im Sinn hatte, als er die Ehe erdachte. Sie wollen allerdings nicht jene Beziehung wieder aufnehmen, die Sie vor der Trennung hatten. Nein, es soll etwas Neues entstehen, was viel tragfähiger und erfüllender ist.

Sich für Versöhnung zu entscheiden, ist nicht besonders populär heutzutage. Tausend Stimmen werden Sie überreden wollen, das Glück in der Scheidung und in der erneuten Heirat zu suchen. Andere werden Sie zum Sex ohne Verbindlichkeit verführen wollen. Sie stehen also am Scheideweg. Und Sie allein müssen die Entscheidung treffen. Die Versöhnung ist nicht der am häufigsten eingeschlagene Weg. Aber es lohnt sich trotzdem, ihn zu wagen.

Schritte zur Versöhnung

Gehen wir einfach einmal davon aus, dass Sie sich für eine Versöhnung entschieden haben. So wollen wir gemeinsam gedanklich jenen schmalen Weg einschlagen, den nur noch relativ wenige zu gehen bereit sind. Doch halt, bevor wir den ersten Schritt tun, habe ich noch eine Frage: Was hindert Sie eigentlich, Gott gleich über Ihre Entscheidung zu informieren? Natürlich kennt er Ihr Herz, und deshalb weiß er längst, wie Sie sich entschieden haben. Aber Gott ist es einfach eine Freude, Ihre Stimme zu hören. Vielleicht ist es Ihnen ein bisschen peinlich, wenn Sie laut beten, weil Sie an diese Art des Gesprächs mit Gott noch nicht gewöhnt sind. Seien Sie mutig!

Erzählen Sie Gott, wie Sie sich fühlen, was Sie gefühlt haben und was Sie getan haben. Bekennen Sie sich freimütig zu Ihren Fehlern, und bitten Sie um Vergebung. Erzählen Sie Ihrem himmlischen Vater von Ihrer Entscheidung, die Versöhnung mit dem Partner zu suchen, und bitten Sie ihn, Ihnen beizustehen. (Denken Sie aber immer daran, dass er Ihren Partner nicht zum Wohlverhalten zwingen wird. Er wird Ihnen jedoch die Kraft zur Liebe für Ihr Vorhaben schenken.) Bitten Sie Gott, Sie in die Person zu verwandeln, die ihm vorschwebte, als er Sie erschuf.

Und bitten Sie ihn, an Ihrer Seite zu bleiben, wenn Sie sich nun auf den Weg der Versöhnung machen.

Nun, da Sie sicher sein können, Vergebung bei Gott erlangt zu haben, und ganz fest mit seinem Beistand rechnen können, werden Sie darauf brennen, mit Ihrem Mann oder Ihrer Frau über Ihre Entscheidung zu sprechen. Das sollten Sie möglichst persönlich machen und nicht am Telefon. Vielleicht rufen Sie an und laden Ihren Mann oder Ihre Frau zum Essen ein. Wenn der andere keine rechte Lust hat, dann sagen Sie ihm, dass Sie etwas sehr Wichtiges zu besprechen haben. Sollte der Partner drängen, zu erfahren, worum es sich handelt, so sagen Sie, dass die Angelegenheit zu wichtig sei, um am Telefon besprochen zu werden.

Hat Ihr Mann oder Ihre Frau im Augenblick keine Zeit, so verabreden Sie sich eine Woche später. Setzen Sie Ihren Partner nicht unter Druck. Bekunden Sie Ihr Verständnis für sein Zögern. Aber machen Sie deutlich, dass Sie ihn auf jeden Fall sprechen wollen, sobald es ihm passt. Sollten Sie sich auf keinen Termin einigen können, dann bieten Sie an, in der nächsten Woche noch einmal anzurufen. Nutzen Sie diese Woche zum Gebet! Gott wird zwar den anderen nicht zu einer Entscheidung zwingen, aber er wird doch Signale senden, ermutigen und motivieren.

In den meisten Fällen wird es Ehepaaren nicht schwer fallen, ein gemeinsames Essen zu arrangieren. Wenn Sie aber Ihren Partner gar nicht überreden können, Sie zu treffen, dann beten Sie weiter. Rufen Sie alle zwei bis drei Wochen an. Aber sagen Sie nichts von Ihrer Entscheidung am Telefon. Ihre Beharrlichkeit und Geduld werden deutlich machen, wie ernst es Ihnen ist. Wenn Sie dann doch noch die Gelegenheit bekommen, persönlich über Ihre Entscheidung zu reden, wird der andere Ihr Anliegen gleich viel ernster nehmen. Immerhin kann Gott die nun verstreichende Zeit dazu nutzen, den Partner auf das vorzubereiten, was Sie zu sagen haben.

Beim Essen – oder auch erst danach – erzählen Sie Ihrem Partner, dass Sie in der Zwischenzeit viel über Ihre Ehe nachgedacht haben. Deuten Sie an, dass Sie Ihr eigenes Verhalten inzwischen viel besser durchschauen und dass Ihnen klar geworden ist, wie sehr es durch bestimmte Gefühle und Einstellungen beeinflusst worden war. Erzählen Sie, dass Sie etwas sehr Wichtiges begriffen haben, nämlich, dass Sie sich gar nicht von Ihren Gefühlen beherrschen lassen müssen und dass man seine Einstellung durchaus ändern kann. Gestehen Sie ein, in vielerlei Hinsicht versagt zu haben, und bitten Sie um Vergebung für Ihr Fehlverhalten.

Erzählen Sie dem Partner ruhig, dass Sie ein Buch gelesen haben, das Sie nachdenklich gestimmt hat. Durch die Lektüre seien Sie zu dem Entschluss gekommen, sich für die Rettung Ihrer Ehe einzusetzen. Sie könnten z. B. sagen: „Das schaffe ich natürlich nicht ohne deine Hilfe. Ich kann gut verstehen, wenn du noch zögerst. Wahrscheinlich wirst du sagen, es gebe in der Vergangenheit nicht viel, was zu einem solchen Versuch ermutigt. Aber ich will ja auch nicht, dass wir es wieder so anstellen wie früher. Ich möchte, dass wir diesmal ein viel höheres Ziel anstreben: Das Wichtigste, was wir beide brauchen, ist, dass wir uns selbst besser kennen lernen und dadurch auch einander besser verstehen. Und dazu sollten wir alles tun, was in unseren Kräften liegt. Das wird mühsam sein, und wir werden vielleicht so manche schmerzliche Erfahrung machen. Aber ich bin bereit, alles zu tun, was nötig ist."

Machen Sie deutlich, dass Sie keine spontane Antwort erwarten! Sie möchten ja, dass der andere darüber nachdenkt und ins Gebet geht. Vielleicht besorgen Sie sich ein zweites Exemplar dieses Buches, damit Sie es ihm (oder ihr) geben können. Der andere versteht dann viel besser, was Sie bewegt und was Sie auf den Gedanken gebracht hat, die Versöhnung zu wagen. Schlagen Sie vor, dass Ihr Partner Sie anruft, sobald er genug gelesen, nachgedacht und gebetet hat! Dann können Sie sich verabreden, um die weitere Entwicklung zu besprechen.

Erwarten Sie nicht, dass alle Probleme nach solch einer Begegnung wie Schnee in der Sonne wegschmelzen. Das war lediglich der allererste Schritt auf jenem Weg, den nur noch so wenige gehen. Wie aber sieht der zweite Schritt aus?

Wenn beide bereit sind

In Kapitel 10 werden wir darüber sprechen, was Sie tun können, wenn der Partner nicht zur Versöhnung bereit ist. Doch in diesem Kapitel wollen wir zunächst davon ausgehen, dass Ihr Partner auf Ihre Vorschläge eingeht. Der andere ist genauso wie Sie bereit, den Traum wieder wahr werden zu lassen, den Sie am Anfang Ihrer Ehe träumten. Sollten Sie gleich wieder zusammenziehen? Lieber nicht. Denken Sie daran: Ihr Ziel ist es nicht, dass alles beim Alten bleibt. Sie streben vielmehr die Wiedergeburt Ihrer Ehegemeinschaft an. Die Konflikte, Frustrationen, Missverständnisse und unerfüllten Wünsche, die zur Trennung geführt haben, müssen aus der Welt geschafft werden. Und das erreichen Sie nur, indem Sie sie in aller Ruhe besprechen, durchdenken und ausdiskutieren.

Die meisten Paare brauchen für die Wiederherstellung Ihrer Ehe den Beistand eines Pastors oder Eheberaters. Sie müssen bestimmte soziale Fertigkeiten erlernen, wie z. B. die Fähigkeit, die eigenen Gefühle konstruktiv zum Ausdruck zu bringen. Sie müssen es lernen, die Gefühle und Gedanken des Partners zu verstehen und zu respektieren. Sie müssen nach Wegen suchen, die emotionalen und körperlichen Bedürfnisse Ihres Partners zu stillen. Eheberater und viele Pastoren haben es in ihrer Ausbildung gelernt, den Hilfesuchenden solche sozialen Fertigkeiten zu vermitteln.

Sofern Sie einer Gemeinde oder Kirche angehören, könnten Sie Ihren Pastor anrufen und ihm von Ihrer Entscheidung erzählen. Fragen Sie ihn, ob er vielleicht Zeit für Sie hat. Allerdings sind nicht alle Pastoren und Pfarrer ausgebildete Eheseelsorger. In diesem Fall wird er Ihnen aber sicher jemanden nennen können, der Ihnen weiterhilft. Je mehr Sie Ihre kommunikativen Fähigkeiten durch Gespräche beim Seelsorger entwickeln, desto ungezwungener werden Sie sich in Ihrer Beziehung zum Partner fühlen. Sie werden immer mehr Verständnis für den Partner entwickeln. Sie werden Fragen klären, die bislang ungelöste Konflikte darstellten. Sie werden einander die Freiheit einräumen, in bestimmten Fragen anderer Meinung zu sein. Trotzdem können Sie liebevoll und freundlich miteinander umgehen.

Wenn Sie erst einmal bemerken, dass eine positive Entwicklung eingesetzt hat, können Sie auch darüber nachdenken und diskutieren, ob es an der Zeit ist, wieder gemeinsam zu wohnen. Es gibt dafür keine festen Regeln, aber die meisten Paare sind bereits nach zwei oder drei Sitzungen beim Seelsorger so weit. Aber brechen Sie Ihre Besuche beim Seelsorger nicht gleich ab, sobald Sie wieder zusammenwohnen!

Die Zeit, die vor Ihnen liegt, ist entscheidend. Sie werden auch jetzt noch hier und da unter Druck geraten. Gleichzeitig müssen Sie alles daransetzen, das Gespräch liebevoll und offen zu führen. Gehen Sie so lange zur Seelsorge, bis Sie das Gefühl haben, dass ungelöste Konflikte so weit wie möglich besprochen und bereinigt worden sind und Sie sich in der Lage fühlen, mit Kontroversen selbstständig umgehen zu können! Die kommunikativen Fertigkeiten, die Sie jetzt lernen, werden Ihnen für den Rest Ihres Lebens dienlich sein. Vernachlässigen Sie sie nicht, sobald die eigentliche Trennungskrise vorüber ist!

Manchen Paaren wird es aus verschiedenen Gründen nicht möglich sein, einen ausgebildeten Seelsorger anzusprechen. Glücklicherweise gibt es noch andere Quellen, wo wir Hilfe und Beratung finden. Es gibt ein reichhaltiges Angebot an christlichen Büchern und Tonkassetten, und auch Eheseminare werden immer wieder angeboten. Mein Buch *Weil unse-*

re Liebe wachsen soll ist geschrieben worden, um Paaren zu helfen, sich die Grundlagen einer gesunden ehelichen Gemeinschaft selbst zu erarbeiten. Am Ende eines jeden Kapitels finden Sie dort praktische Übungen und Fragen, die das Gespräch in Gang bringen und das gegenseitige Verständnis vertiefen sollen. Mein Vorschlag ist, dass das Paar jede Woche ein Kapitel liest. Dann arbeiten beide einzeln die Übungen durch und setzen sich anschließend zu einem ausführlichen Gespräch zusammen. Auch viele getrennt lebende Paare erleben diese Vorgehensweise als ausgesprochen hilfreich bei der Wiederbelebung ihrer Ehe.

Wenn Sie gemeinsam ein Buch lesen oder Vortragsmitschnitte anhören, muss gar nicht unbedingt der Inhalt der entscheidende Faktor sein. Viel wichtiger ist oft, dass Sie durch solche gemeinsamen Aktivitäten ins Gespräch kommen. Die Partner sollten sich beim Zuhören Notizen machen bzw. in Büchern wichtige Stellen unterstreichen. So kann man sich hinterher austauschen und darüber reden, was einem wichtig gewesen ist. Wenn Sie miteinander reden, sollten Sie versuchen, sich in die Lage des anderen zu versetzen. Stellen Sie Zwischenfragen wie: „Du meinst also ..." Sagen Sie, in welcher Richtung Sie den anderen verstanden haben, und geben Sie ihm die Gelegenheit, etwas richtig zu stellen, falls Sie ihn falsch verstanden haben. Behalten Sie Ihren freundlichen Ton bei, auch wenn Sie unterschiedlicher Meinung sind. Denken Sie immer daran: Ihr Gesprächsziel ist es, Ihren Partner zu verstehen, seine Bedürfnisse kennen zu lernen und herauszufinden, wie Sie diese Bedürfnisse stillen können. Wenn sich Mann und Frau darauf konzentrieren, einander Wünsche zu erfüllen, werden über kurz oder lang ihre kühnsten Träume in Erfüllung gehen.

Die Verhaltensweisen, die Sie jetzt in der Aufbauphase durch Anregungen von außen einüben, sollten ein fester Bestandteil Ihrer Beziehung werden. Ehen sind keine statischen Gebilde. Entweder sie entwickeln sich, oder sie vegetieren dahin. Sie dürfen nicht nachlassen, das zu tun, was eine positive Entwicklung fördert.

Der Titel meines Buches *Weil unsere Liebe wachsen soll* ist mit Bedacht gewählt worden. Das eigentliche Ziel ist nicht die vollkommene Ehe, sondern die wachsende Ehe. Und in diesen Wachstumsprozess ist auch die Liebe mit einbezogen. Vollkommenheit ist als Begriff schwer zu definieren. Man kann also nie sagen, wann man sie erreicht hat. Doch wachsen kann man jeden Tag ein Stückchen mehr. Und solange Sie wachsen und sich entwickeln, leben Sie mit einer Hoffnung; das ist spannend und erfüllend. Sie sollten gemeinsam wachsen, solange Sie leben, damit Ihre Ehe für immer lebendig bleibt.

Machen Sie Ihre Ehebeziehung zur wichtigsten Sache in Ihrem Leben! Der Partner sollte immer die Nummer eins in Ihren Gedanken sein. Und sorgen Sie dafür, dass Gott der Dreh- und Angelpunkt Ihrer Beziehung ist. Tun Sie jeden Tag irgendetwas, was Ausdruck Ihrer gegenseitigen Liebe ist. Was immer Sie tun, es sollte die Schwächen des anderen ausgleichen und seine Stärken fördern. Seien Sie des Lobes voll, so wird dem Partner alles, was er anpackt, leichter von der Hand gehen. Verschenken Sie Liebe, und Sie werden Liebe empfangen. Vor allem aber wenden Sie in Ihrer Beziehung die bekannte goldene Regel an: *„Alles, was ihr also von anderen erwartet, das tut auch ihnen!"* (Matthäus 7,12).

Übungen und Fragen, die weiterhelfen

1. Niemand – auch nicht Gott – wird Sie zwingen, Ihre Ehe fortzusetzen. Diese Entscheidung müssen Sie ganz allein treffen. Wenn Sie sich aber dazu entschließen, werden Sie mit dem Beistand Gottes ganz sicher rechnen können. Ihnen sind vielleicht schon eine Reihe von Menschen begegnet, die sich haben scheiden lassen. Sie kennen deren Erfahrungen und Ansichten. Wie wäre es aber, wenn Sie auch mal Paare befragen, die eine gute Ehe führen? Erkundigen Sie sich nach ihrem Erfolgsrezept. Welche Probleme hat man in diesen Ehen erfolgreich überwunden, und wie findet man Erfüllung?
2. Wenn Sie sich für den schmalen Weg entscheiden, den wenige zu gehen bereit sind, dann sollten Sie die folgende Checkliste durcharbeiten:

Schritte, die wir bereits getan haben:	Datum:
a) Ich habe mich zur Versöhnung entschieden.	________

b) Ich habe mit Gott darüber gesprochen und um Hilfe gebeten. ________

c) Ich habe meinen Partner angerufen und ihn zum Essen eingeladen. ________

d) Partner hat Einladung angenommen. ________

e) Ich habe dem Partner von meiner Entscheidung erzählt. ________

f) Partner will auch die Versöhnung. ________

g) Gespräch mit Pastor oder Seelsorger verabredet. ________

h) „Hausaufgaben", die der Seelsorger aufgegeben hat, erledigt. ________

i) Weitere Seelsorgesitzung. ________

j) Weitere Seelsorgesitzung. ________

k) Wir sind wieder zusammengezogen. ________

l) Weitere Seelsorgesitzung. ________

Bücher, die wir gelesen und gemeinsam besprochen haben:

1. ____________________________________ ________

2. ____________________________________ ________

3. ____________________________________ ________

4. ______________________________ ________

5. ______________________________ ________

Vortragsmitschnitte, die wir gemeinsam auf Kassette angehört und danach besprochen haben:

1. ______________________________ ________

2. ______________________________ ________

3. ______________________________ ________

4. ______________________________ ________

5. ______________________________ ________

Eheseminare, Workshops und ähnliche Veranstaltungen, die wir besucht haben:

1. ______________________________ ________

2. ______________________________ ________

3. ______________________________ ________

4. ______________________________ ________

5. ______________________________ ________

10. Wenn der andere die Scheidung will

Versöhnung ist leider nicht immer möglich. Sie stoßen mit Ihren besten Absichten auf Ablehnung, Kälte und Feindseligkeit, sodass Sie am Ende scheitern. Selbst Gott ist es nicht immer gelungen, sich mit seinem Volk zu versöhnen: *„Auch sah sie, dass ich Israel, die Abtrünnige, wegen ihres Ehebruchs entließ und ihr die Scheidungsurkunde gab"* (Jeremia 3,8). Versöhnung in einer Ehe ist deshalb nicht immer möglich, weil dazu zwei Menschen ja sagen müssen. Und niemand kann den anderen zur Rückkehr zwingen.

Die Entscheidungsfreiheit des Menschen ist unantastbar. Noch nicht einmal Gott hat Israel gezwungen, zu ihm zurückzukehren. Er hat sein Volk unter Druck gesetzt, indem er es den Feinden erlaubte, über Israel zu triumphieren. Er zog seine segnende Hand zurück, aber die Rückkehr Israels hat er dennoch nicht mit Gewalt durchgesetzt. Gott wird dem Menschen niemals seine Entscheidungsfreiheit nehmen. Daran müssen wir auch in unseren Gebeten denken.

Viele getrennt lebende Christen haben schon gebetet: „Bitte, bring mir meine Frau (oder meinen Mann) zurück." Wenn dann die Frau nicht zurückkam, schlossen die Enttäuschten daraus, dass Gott ihr Gebet nicht erhört hat. Viele werden Gott gegenüber feindselig, und sie begegnen der Kirche und dem Christentum nur noch mit Skepsis. Damit aber lösen sie sich von der einzigen Quelle, bei der sie wirkliche Hilfe finden können. Aber Gott wird Ihren Partner nicht zur Rückkehr zwingen. Als Reaktion auf Ihr Gebet wird er nichts unversucht lassen, Ihren Partner zur Versöhnung zu bewegen. Doch Ihrem Partner steht es immer frei, sich gegen Gottes Eingreifen und Ihr Bemühen zu wehren.

Aber sollte die Möglichkeit des Scheiterns uns davon abhalten, es wenigstens zu versuchen? Das würde dem Geist der gesamten biblischen Botschaft widersprechen. Gott hat sein Volk *niemals* wirklich aufgegeben! Und die Geschichte ist voller Beispiele echter geistlicher Erneuerung. Deshalb ist der Versuch, eine Ehe wiederherzustellen, allemal das Risiko wert. Ihre Einstellung ist entscheidend. Sagen Sie deshalb nicht: „Es könnte ja schief gehen." Sagen Sie lieber: „Es könnte durchaus funktionieren."

Sollte ich mich gegen eine Scheidung wehren?

Sollte Ihr Mann oder Ihre Frau dennoch die Scheidung durchsetzen wollen, so lohnt der Widerstand kaum. Eine Heilung der Beziehung ist ohnehin von der freiwilligen Mitarbeit der Beteiligten abhängig und kann nicht erzwungen werden. Vielleicht können Sie ein bisschen „auf Zeit spielen". Aber letztlich werden Sie eine vom anderen gewollte Scheidung nicht verhindern.

Sie mögen es als unfair empfinden, dass Sie sich der Entscheidung Ihres Partners so widerstandslos beugen sollen. Aber so sind nun einmal zwischenmenschliche Beziehungen: Wir können niemanden zwingen, unser Freund zu sein. Freundschaft setzt voraus, dass sich zwei Menschen dazu bekennen. Wenn einer sie kündigt, sind dem anderen die Hände gebunden: Er kann die freundschaftliche Beziehung nicht allein am Leben erhalten. Und die Ehe ist die intimste Form einer Freundschaft. Sie braucht ganz besonders das innere Engagement von beiden Seiten.

Versöhnung kann man nicht erzwingen, weil vom Prinzip her zwei Menschen ihr Einverständnis dazu geben müssen. Die Scheidung wird bereits durch das Handeln einer Person wirksam. Deshalb wird immer derjenige, der die Trennung will, über den bestimmen können, der die Einheit sucht. Einheit ist ohne den guten Willen beider Seiten nicht zu haben.

Die Ehe vor Gericht

Nach der Trennung kommt die Scheidung, und die wird von einem Richter ausgesprochen. Sie ist deshalb nicht nur ein emotionaler und physischer Vorgang, sondern auch ein Rechtsfall. Es ist deshalb besonders wichtig, die juristischen Aspekte mit Ihrem Rechtsanwalt ausführlich zu besprechen. Das gilt besonders, wenn Kinder beteiligt sind. Deren Belange verdienen ganz besondere Berücksichtigung. Unterhalten Sie sich mit Freunden oder Bekannten, die selbst schon Erfahrungen mit einer Scheidung gemacht haben. Dadurch bekommen Sie ein realistischeres Bild von dem, was auf Sie zukommt.

Oft verhindern die Emotionen eine einvernehmliche Trennung. Die folgenden Situationen zeigen, wie Emotionen eine für *beide* Seiten annehmbare Lösung verhindern:

* Der verlassene Partner, der sich mit der Endgültigkeit der Trennung nicht abfinden kann, ist mit fast allen Forderungen der anderen Partei einverstanden, weil er hofft, dadurch vielleicht doch noch eine Versöhnung zu erreichen.
* Eine Frau, die es gewohnt war, dass der Mann alle wichtigen Entscheidungen trifft, wendet sich immer noch Hilfe suchend an ihn, obwohl er sie verlassen hat und kein Interesse mehr bekundet, sich für sie einzusetzen.
* Der bis dahin geduldige und passive Partner sucht nun bei den Verhandlungen den vermeintlich gerechten Ausgleich für erfahrenes Leid.
* Wenn es plötzlich und unerwartet zur Trennung und Scheidung gekommen ist, kann der verlassene Partner derart verstört sein, dass er (oder meistens sie) gar nicht in der Lage ist, den zukünftigen finanziellen Bedarf realistisch einzuschätzen.
* Der Partner, der die Scheidung eingereicht hat, wird von Schuldgefühlen geplagt, sodass er bei der Aufteilung des Vermögens allzu großzügig ist, sich zu hohen Unterhaltszahlungen bereit erklärt oder im umgekehrten Fall zu wenig Unterhalt fordert. Doch wenn der Alltag einkehrt, entsteht Groll über die eigenen Zusagen, und es macht die Sache nicht leichter, wenn man auch nach der Scheidung noch in Kontakt bleiben muss oder will.
* Der verlassene Partner ist so deprimiert und

seelisch angeschlagen, dass er keinen zusätzlichen Druck mehr ertragen kann. Er ist deshalb mit allen finanziellen Regelungen einverstanden, nur, um die Sache hinter sich zu bringen.
* Ein Partner benutzt die Kinder, um den anderen zu bestrafen und sich an ihm zu rächen.

Es könnte also gut sein, dass Sie nicht nur eine rechtliche Beratung für die Details Ihrer Scheidungsvereinbarung brauchen, sondern auch seelischen Beistand. Als Christ werden Sie zwar nicht wollen, dass die getroffene Vereinbarung den Partner wie ein Strafgericht trifft, aber Sie müssen auch realistisch sein. Sie dürfen Ihre eigenen Interessen nicht so hintanstellen, dass am Ende Sie und Ihre Kinder darunter leiden.

Wie sag ich's meinem Kind?

Sagen Sie Ihren Kindern die Wahrheit über Ihre Trennung und die bevorstehende Scheidung. Versuchen Sie nicht, sie zu schützen, indem Sie lügen. Irgendwann erfahren sie ja doch die Wahrheit, und wenn Sie sie dann belogen haben, ist das Vertrauen, das sie gehabt haben, beschädigt. Erzählen Sie so nüchtern wie möglich und ohne Übertreibungen, was in Ihrer Ehe vorgefallen ist. Ideal ist es natürlich, wenn beide Eltern anwesend sind und von ihrem Entschluss erzählen, sich scheiden zu lassen. Versichern Sie beide Ihren Kindern, dass Sie sie noch immer lieben und dass sie auf keinen Fall Schuld an der Trennung sind.

Ganz besonders wichtig ist jetzt, dass Ihr Kind das Gefühl behält, wirklich geliebt zu werden. Das Bedürfnis, zu lieben und geliebt zu werden, gehört zu den größten menschlichen Emotionen. In der Kindheit ist das Bedürfnis nach Liebe noch stark mit dem Bedürfnis nach Sicherheit verknüpft. Ohne Liebe fühlt sich das Kind schutzlos und ausgeliefert. Aber glauben Sie nicht, dass sich Ihr Kind schon dann echt geliebt fühlt, wenn Sie es ihm sagen. Im Neuen Testament werden wir aufgefordert, nicht nur mit Worten, sondern auch mit Taten zu lieben (1. Johannes 3,18). Finden Sie heraus, wodurch sich Ihr Kind geliebt fühlt! Manche Kinder fühlen sich geliebt, wenn man sich zu ihnen setzt und mit ihnen redet. Andere fühlen sich eher geliebt, wenn man ihnen einen Liebesdienst erweist. Wieder andere interpretieren Geschenke und Liebesgaben als Beweis dafür, geliebt zu werden. Es gibt aber auch Kinder, die sich vor allem dann geliebt fühlen, wenn sie in den Arm genommen und gestreichelt werden. (Mehr zu diesem Thema in meinem Buch *Die fünf Sprachen der Liebe*, erschienen im Verlag der Francke-Buchhandlung, Marburg.) Natürlich sollten Sie auch sooft wie möglich „Ich habe dich lieb“ sagen.

Vater *und* Mutter sollten also ihre Liebe dem Kind gegenüber so ausdrücken, dass es die Botschaft auch versteht. Wenn der Vater seine Liebe zurückhält, dann nutzt es wenig, wenn die Mutter beteuert, das Kind werde doch sicher auch vom Vater geliebt. Wenn den Worten keine Taten folgen, verlieren sie bald ihre Überzeugungskraft. Sagt ein Kind zu seiner Mutter: „Papa liebt mich doch gar nicht mehr, oder?“, so sollte die einfühlsame Mutter mit einer Gegenfrage reagieren: „Wie kommst du darauf, mein Schatz?“ Berichtet das Kind darauf von frustrierenden Erlebnissen, so könnte die Mutter fragen: „Wie möchtest du denn, dass Papa dir seine Liebe zeigt?“ Die Antwort sollte dem Vater mitgeteilt werden, allerdings nicht im vorwurfsvollen Ton. Er soll nur informiert sein. Den Partner, der das Haus verlassen hat, würde ich ermahnen: „Du hast dich schon von *mir* scheiden lassen, nun lass dich nicht auch noch von deinen Kindern scheiden. Sie brauchen auch deine Liebe.“

Ein weiteres emotionales Bedürfnis des Kindes ist das Gefühl, von den Eltern geleitet und erzogen zu werden. Ein Kind braucht Grenzen, um sich geborgen zu fühlen. Manchmal will eine Mutter unbewusst den Verlust, den das Kind erlitten hat, dadurch ausgleichen, dass sie in allem nachgibt und Sohn oder Tochter über Gebühr verwöhnt. Wenn Sie jeden Wunsch Ihres Kindes erfüllen, werden Sie bald sein Diener sein, und es wird in dem Bewusstsein aufwachsen, dass alle anderen nur dazu da sind, ihm zu dienen. Solch ein „Königs-Komplex“ ist deshalb so problematisch, weil es in unserer Gesellschaft nicht allzu viele Herrschaftspositionen gibt, die man besetzen könnte, um seinen Komplex auszuleben. Wer sich einen König heranzieht, der macht sein Kind zum Außenseiter.

Ihr Kind braucht die Sicherheit durch Begrenzungen. Wenn Eltern sich auf Grundregeln des täglichen Umgangs verständigen können, so ist das nur von Vorteil. Eltern, die sich ihrer Aufgabe bewusst sind, ein lebenstüchtiges Kind heranzuziehen, werden sich wenn der Vater – aus welchem Grund auch immer – keine Zeit für die Kinder hat. Onkel und Tanten sind häufig gern bereit, die Kinder für eine gewisse Zeit bei sich aufzunehmen. Freunde können sich mit den Kindern intensiv beschäftigen, sodass diese das Gefühl haben, es ist jemand da, der sich ihnen widmet. Dabei können sie dann auch Dinge lernen, die sie bei Vater oder Mutter nicht lernen würden. In immer mehr christlichen Gemeinden hat man die speziellen Bedürfnisse allein erziehender Eltern erkannt. Workshops, Seminare, Bücher, Kassetten und persönliche Seelsorge gehören in vielen Gemeinden schon zum Angebot für Betroffene. Zögern Sie nicht, Freunde und Verwandte um Hilfe zu bitten! Denn viele würden gern helfen, trauen sich aber nicht, sich selbst anzubieten.

Das Leben mit einem allein erziehenden Elternteil ist alles andere als ideal für Kinder. Aber was ist schon ideal im Leben? Wir haben es doch ständig mit Unzulänglichkeiten zu tun. Deshalb: Machen Sie das Beste daraus! Fassen Sie Gott bei der Hand, und schauen Sie sich nach anderen Helfern um. Machen Sie sich bewusst, dass Gott Sie liebt. Ist das nicht ein tröstender Gedanke? Und die Kraft Gottes, die Ihnen zur Verfügung steht, wird dafür sorgen, dass Sie Ihre Rolle als Alleinerziehender zum Wohl Ihrer Kinder ausfüllen werden.

Darf ich wieder heiraten?

Es würde den Rahmen dieses Buches sprengen, wollten wir in aller Ausführlichkeit jede Bibelstelle betrachten, die sich mit Scheidung und der erneuten

Heirat beschäftigt. Dazu sollten Sie entsprechende Fachbücher konsultieren. Es gibt eine Reihe guter Bücher zu diesem Thema auf dem Markt. Die Bibel betont immer wieder das Ideal Gottes: die lebenslange Einehe. Die Scheidung wird immer nur als ein Zeichen für das Versagen des Menschen gesehen, der es nicht schafft, das Ideal zu erreichen. Auf die Möglichkeit, erneut zu heiraten, findet man nur wenige Hinweise. Der Neutestamentler George Peters merkt dazu an: „Der Gott, der für die höchsten und nobelsten Ideale steht, kann unmöglich ein niedrigeres Niveau sanktionieren. Trotzdem lässt er es dem Menschen immer wieder durchgehen, auf einer vom Ideal entfernten Ebene zu leben und zu handeln."

Selbst wenn Menschen ihren Lebenspartner durch Tod verloren haben, wird in der Bibel die erneute Heirat weder nahe gelegt noch verboten. Wer betroffen ist, kann sich offenbar frei entscheiden. Er muss herausfinden, was im Einzelfall das Beste für ihn ist (Römer 7,1-6; 1. Korinther 7,6-9; 1. Timotheus 5,14). Auch wenn es wegen Unzucht und böswilligen Verlassens zur Scheidung gekommen ist, schweigt die Bibel über die Möglichkeit, wieder zu heiraten. George Peters schreibt:

„Das, was Christus in Matthäus 5,32 und 19,1-9 sagt, enthält kein Verbot der erneuten Heirat, sofern Unzucht des anderen vorliegt. Christus äußert sich also nicht ablehnend gegen diese Möglichkeit. Aber auch in den Briefen der Apostel finden wir keinen Hinweis darauf, dass die erneute Heirat eines vom Partner verlassenen Christen eine Sünde wäre (siehe 1. Korinther 7,15)."

11. Wir stellen uns auf die Zukunft ein

„Denn ich, ich kenne meine Pläne, die ich für euch habe – Spruch des Herrn –, Pläne des Heils und nicht des Unheils; denn ich will euch eine Zukunft und eine Hoffnung geben“ (Jeremia 29,11). Auch wenn Ihnen im Augenblick nicht zum Jubeln ist, so wird das Leben, das vor Ihnen liegt, gar nicht so finster sein, wie Sie derzeit vielleicht denken. Gott meint es doch gut mit Ihnen! Das Versagen in der Vergangenheit muss die Hoffnung auf die Zukunft nicht zerstören.

Wenn Sie und Ihr Partner es wollen, können Sie miterleben, wie eine Ehe neu geboren wird – wieder geboren auf einem viel höheren Niveau. Sie werden einander viel besser verstehen, und der Gedankenaustausch zwischen Ihnen wird tiefgründiger sein als je zuvor. Indem Sie Vergangenes vergeben, Gefühle teilen, Verständnis finden und die Liebe neu lernen, werden Sie nun in Ihrer Ehe viel mehr Erfüllung finden. Das ist kein bloßes Wunschdenken. Es ist zur Realität für viele, viele Paare geworden, die sich entschlossen haben, den schwierigen Weg zur Versöhnung zu gehen.

Ich habe immer versucht, realistisch zu bleiben, als ich Ihnen den Prozess der Wiederherstellung einer Ehe erläuterte. Dieser Versuch ist wahrlich kein Zuckerschlecken. Es wird Sie schmerzlich berühren, wenn der andere offen und ehrlich über Gefühle spricht, die sich im Laufe der Jahre angestaut haben.

Sie werden sich rechtfertigen wollen, und Sie werden es nicht wahrhaben wollen, dass Sie über die Bedürfnisse des anderen unbedacht hinweggegangen sind. Die Fehler des anderen werden Sie groß und deutlich vor Augen haben, wogegen Ihre eigenen nur Lappalien zu sein scheinen. Es fällt schwer, sich einzugestehen, dass man auch selbst dem Partner Unrecht getan hat.

Erst wenn Sie beide begreifen, wo Sie versagt haben und wie Sie Ihren Kurs korrigieren können, werden Sie persönliches Wachstum erleben. Vieles von dem, was Sie an sich selbst all die Jahre nicht leiden konnten, können Sie ablegen. Sie sind kein Sklave alter Verhaltensmuster. Es wird Ihnen Mut machen, wenn Sie mitbekommen, wie Sie sich zu der liebevollen und zuvorkommenden Persönlichkeit entwickeln, die Sie eigentlich immer schon sein wollten. Und Sie werden aus dem Häuschen geraten, wenn Sie beobachten, wie auch Ihr Partner sich zum Positiven verändert.

Zu solchen Veränderungen wird es wahrscheinlich nicht ohne den Beistand Gottes kommen. Sie beide müssen wieder den Weg zu Gott finden. Laden Sie ihn ganz neu in Ihr Leben ein. Christus ist gestorben, um die Strafe für Ihre vergangenen Sünden zu bezahlen. Und Gott möchte vergeben! Er wird Ihnen Ihre Vergangenheit nicht mehr vorhalten, wenn Sie Christus als Ihren Erlöser und Retter annehmen. Der Geist Gottes wird zu Ihnen kommen und in Ihnen wohnen. Damit bekommen Sie die Kraft, um die nötigen Änderungen in Ihrem Leben vorzunehmen. Mit seiner Hilfe werden Sie Dinge erreichen, von planung mit dem Text eines bekannten Liedes beginnen:

Jesu, geh voran auf der Lebensbahn,
und wir wollen nicht verweilen,
dir getreulich nachzueilen.
Führ uns an der Hand
bis ins Vaterland.

Diese Worte drücken vielleicht Ihre Sehnsucht aus, wenn Sie an die Unwägbarkeit der Zukunft denken. Gott kennt Ihre Gefühle und verurteilt Sie derentwegen nicht. Doch er erwartet von Ihnen, dass Sie auch gegen Ihre Gefühle das Beste aus Ihrem Leben machen. Nach so manchem Tag werden Sie erschöpft ins Bett fallen. Aber Sie werden mit dem glücklichen Gefühl einschlafen können, etwas vorangebracht zu haben. Und je mehr solcher Tage kommen und gehen, desto weniger werden Sie sich als Opfer Ihrer Umstände fühlen. Sie haben sich selbst bewiesen, dass mit Gottes Hilfe Ihr Leben produktiv und erfüllend sein kann.

Übungen und Fragen, die weiterhelfen

Beginnen Sie den Rest Ihres Lebens, indem Sie den heutigen Tag planen!

1. Schreiben Sie konkret und detailliert auf, was Sie heute alles erledigen wollen!
2. Nummerieren Sie die Punkte nach dem Grad ihrer Wichtigkeit, indem Sie die Eins dort in den

Kreis schreiben, wo die wichtigste Aufgabe steht! Die Zwei kommt in den Kreis für die zweitwichtigste Aufgabe usw.

3. Wenn Sie eine Aufgabe erledigt haben, haken Sie sie in dem Quadrat auf der rechten Seite ab.

Heute zu tun:

Datum: ______________

Wichtigkeit | *Erledigt*

Wichtigkeit		Erledigt
○	________	☐
○	________	☐
○	________	☐
○	________	☐
○	________	☐
○	________	☐
○	________	☐
○	________	☐
○	________	☐
○	________	☐
○	________	☐
○	________	☐

Bücher zum Thema:

Jim Smoke
Blüten aus der Asche meines Lebens
An einer Scheidung nicht zerbrechen
Bestell-Nr. 330 709
ISBN 3-86122-709-6
288 Seiten, Paperback

Erst der Schock, dann der Gewöhnungsprozess, dann die tiefe Trauer, dann ...? Ob Sie Ihre Scheidung hinter sich haben oder noch mitten drin stecken – mindestens eines dieser Stadien ist Ihnen bekannt. Wie werden Sie damit fertig? Nur ein Seelsorger, der seit 30 Jahren mit „Scheidungsopfern" arbeitet, kann das in Worte fassen, was Sie erleben, kann den Trost spenden, den Sie wirklich brauchen. Und er kennt die Pläne, nach denen der Wiederaufbau Ihres Lebenshauses gelingen kann. Sie sollten Ihre Scheidung nicht erleiden, Sie dürfen an ihr wachsen!

Jim Smoke bietet (längst überfällige) praktische Hilfen an auf dem Weg zu den Quellen, an denen verbranntes Leben von neuem wachsen kann.

Archibald Hart
Damit die Wunden heilen
So werden Kinder mit der Scheidung ihrer Eltern fertig
Bestell-Nr. 330 637
ISBN 3-86122-637-5
304 Seiten, Taschenbuch

Scheidung – und nichts ist mehr, wie es mal war! Viele Kinder sind überfordert und brauchen Hilfe. Wie können Eltern, Angehörige, Freunde, Lehrer und andere dazu beitragen, die schädliche Langzeitwirkung einer Scheidung zu minimieren?